京都的正常体温

哲学家写的城市指南

[日] 鹫田清一……著
田肖霞……译

清华大学出版社
北京

北京市版权局著作权合同登记号 图字：01-2013-6404

图书在版编目（CIP）数据

京都的正常体温：哲学家写的城市指南 /（日）鹫田清一著；田肖霞译. —北京：清华大学出版社，2020.6
ISBN 978-7-302-54657-3

Ⅰ. ①京… Ⅱ. ①鹫… ②田… Ⅲ. ①京都－概况 Ⅳ. ①K931.3

中国版本图书馆CIP数据核字（2020）第005730号

责任编辑：冯　乐
封面设计：张文俊
版式设计：谢晓翠
责任校对：王荣静
责任印制：杨　艳

出版发行：清华大学出版社
网　址：http://www.tup.com.cn,　http://www.wqbook.com
地　址：北京清华大学学研大厦A座　邮　编：100084
社总机：010-62770175　邮　购：010-62786544
投稿与读者服务：010-62776969, c-service@tup.tsinghua.edu.cn
质量反馈：010-62772015, zhiliang@tup.tsinghua.edu.cn
印装者：三河市春园印刷有限公司
经　销：全国新华书店
开　本：130mm×185mm　印　张：7.5　字　数：143千字
版　次：2020年6月第1版　印　次：2020年6月第1次印刷
定　价：79.00 元

产品编号：080021-01

有我的整个人生：京都206路

久违的206路。自打我生下来就住在这条公交线旁边，但不管是上学还是玩耍，我的生活轨迹总是迈过这条线，我几乎没坐过206路公交车。

这条线沿途挤满了著名的寺庙。我常常经过寺庙门口，却只进过其中很少几处。西本愿寺离我出生、长大的家只有两百米。我曾在寺门口的大路上玩棒球蹭坏了墙壁，玩累了就进寺庙，用龙形的“御手水”洗头，然后在休息处讨杯冰茶喝。但在四十岁之后，我才瞻仰该寺至关重要的飞云阁。银阁寺和206路隔开一截，从我上了十年的大学走过去只要十五分钟，而我至今还没进去过。常听说东福寺的庭院很美，也没去过。广隆寺的弥勒菩萨，我也只在美术课本上看过。至于南禅寺和高台寺，几年前陪远道而来的客人才第一次去。金阁寺和龙安寺则是三十岁之后去的。

即便能免费进寺庙里坐坐，跟花了钱进去参观的感觉也还是不太一样，所以在这趟公交旅程中，我暂时放弃那些需要门票钱的地方。东面自三十三间堂起，经过智积院、知恩院，从平安神宫一侧上行；西面则从大德寺经过北野天满宫旁，然后掠过二条城的背后、壬生寺的一侧，往西本愿寺和东本愿寺下行……据说这些地方都有气派的庭院，不过，且让我一概过门不入。

在乘车前东想西想也没用，不过我们也可以预先想象一些场景：京都的花街、旧时青楼、情人旅馆区中，规模较大的都集中在这条公交沿线，如五条乐园、宫川町、安井、祇园、冈崎、上七轩、五番町、岛原等。还有不少赏花点，如八坂神社、冈崎、贺茂川、樱花胜地平野神社、梅花胜地北野天满宫。另外就是大学。东侧沿线有京都女子大学、华顶大学、艺术大学音乐学院、京都大学、京都工业纤维大学、京都圣母女子大学、京都府立大学、大谷大学、佛教大学、龙谷大学。同志社大学和立命馆大学离206路也只有两站地。学问之地也几乎都集中在这条线上。

苦读，痴恋，疯玩，有时念念“南无阿弥陀佛”。这条路仿佛人生。

京大以前有位哲学老师一夜游乐后，直接从祇园打车去学校讲课；有学生在大雪纷飞的除夕夜翻墙溜进银阁寺的庭院，在跨年宴会上烂醉之后冻死；也有一些学生在大文字送火[1]的前一天集体登山，藏在树林里，在大文字点火的同时一齐拿出手电点亮，使“大”字变成一个“犬”字，让京都市民大为光火。想必还有许多男生在这条公交线沿途告别了处男时代。这里，搞得起首映礼的大

1. 每年8月16日的晚上，在京都东山如意岳点起“大”字篝火，是盂兰盆节的送神仪式。

影院少，潦倒的小影院扎堆。既有逼仄的商业街，也有繁华的市民娱乐场所，例如歌舞练场和南座。这条公交线汇集了许多城市回忆，“圣”“性”“学”“游”，形成层叠的记忆套盒。

不用说，这样的街道通向“那个世界”：法悦的世界（神社佛阁），推论的世界（大学），陶醉的世界（花街）。然而就在这些“表象”的边缘，在京都人低调、恭谨、认真的日常之中，还有许多通向更远的“另一个世界”（autre monde）的孔洞。我接下来要书写的，其实是生长于此地的人们所创造的“背后的206路”，也就是正常体温下的京都，以及在那上面开敞的各种孔洞。

寂寞的人们悄然前往的神社与祇园背后衰败的情人旅馆区接壤。为疾病所苦的人们把钉拔地藏当成救命稻草频繁拜望。某座著名寺庙的塔头[1]，如今成了可疑男子们的聚集地。闪着钝重的金属光泽、如同宇宙基地的高楼群紧贴在茶馆之后。商店里的商品像垃圾般散落在地板和过道上。元祖烤年糕和本家烤年糕在马路两边唱对台戏。花街背后响起织机声。“男”人专属的电影或秀正在某间剧场上演。色情影院的票价永远都是五百日元，如此等等。

这条公交线沿途——吉田、下鸭、古门前、上七轩，或是稍远一些的衣笠、莲华谷——不论哪个时代都有“三奇人”出没（祇园大概有数不清的能人异士）。这些地方，以及这些人，与其说是世界的极限，不如说是通向“那个世界”的中继站。

有奇人的街道适宜居住。事实上，如果没有能容纳“奇人”

1. 塔头：指高僧隐退后居住的小院落。

的通达世界，束缚就会太强、太紧，不宜居，让人想马上搬家。但若新居所还是与之前搬离的地方一样，那只能说是命。

据说，没有在京都绵延十几代就不算京都人，荒唐。十几代的只有中京、上京的点心老店或裁缝老店。西阵的住户大多来自丹波或丹后，在室町横行的则是原籍近江的商人。手艺人多是北陆的。许多“媳妇”来自大阪。还有，掌管京都的阶层原本就大多来自关东等其他地区。藤原、平、源、足利、丰臣，萨摩藩、长门藩……搅乱京都的全是些外来户，而以汤川秀树打头的一代代诺贝尔获奖者，或者号称是京大“著名”教授的一群人，几乎没有哪个是京都本地人。即便有，最多也就是第三代。京都首先是“外来的大人物”“外来的部队”的争锋之地。对那些当时碰巧来京都打拼然后住下来的人来说，实在是不胜刀兵之扰。顺便一提，我们家的亲戚全都是从爷爷那一代，自北陆的福井逃来此地的。尽管如此，到了第三代，就被旁人称作是“京都人”。

城市不是施政者一个人的。施政者或许拥有它，但在同一个地方持续过日子的是民众。施政者把民众的屋子挪开，修路、建宅邸或建寺庙，而民众只要找到别的空隙，就在那里继续过下去。因为他们有工作。因为他们要牢牢抓住工作。在努力工作的过程中，联系产生了。对那些来城市打拼然后就此住下的人来说，联系不再是血缘，他们被老家、被城市的统治层推挤到一边，联系是他们之间相互扶助的人际网。有时为了维护这张人际网，他们会向内封闭。在没有进入他们的网之前，他们习惯“对陌生人说不”。但如果有同伴的介绍，陌生人也能得到很好的接纳。只要有一个朋友，就能进入细节深处，这就是京都。

“联系”体现出那些靠联系生活的人们的人生。如果说，某个人依靠小小的联系，以他自己的方式缠绕和笼络，编织他的人生，那么这则“京都指南”的背后，或许就是我的人生。或许我回避的地方正是我人生的底片。也有一些地方是我本不想回避然而又无法讲述的。还有一些地方和我的关系太密切，或是讲述它们让我受不了，让我沮丧，所以我没法讲。这些地方大概才刻着真正的“历史”，可是提起它们，哪怕是现在，都会有过于鲜明的“面孔”一个接一个地浮现。在这一层意义上，我还是只能讲述这座城市的上层澄清的部分。不过即便只是上层澄清的部分，也足以窥见这座城市的“历史”背后养成的“另一部历史”。大部分“京都人”从外地来这座城市讨生活，回不了故乡，就此长居，他们在城市的罅隙里顽强地传承着一种文化，如果能让人看到这种文化的一鳞半爪，我写这本书就是有意义的。

尽管自身没能继承几分这座城市的历史和传统，但我确实是一名生长于斯、沉浸其中的“京都生活者”。接下来便是我坦诚得近乎羞愧的“京都指南”。

那么出发吧。乘坐“京都206路”，从京都站往东。

京都市营公交车 206 路路线图

| 目录 |

往　东

往　北

往　西

往　南

往终点站

后　记

往东

在京都站下车

京都市营公交车206路。这趟从京都站到京都站的环城公交的沿途有我的整个人生。它大致涵盖了京都的圣、俗、学，也就是神社佛阁、旧时花街和大学。出生、长大、育人，从幼儿园读到研究生院，我一直都在这条线沿途。不过玩耍的地方全都稍微偏离这条线路。

我出生的地方离京都站不远，在西本愿寺稍微往北。我家门口的南北向马路是醒之井通（在附近与宽阔的车道堀川通融为一体），町名和路名的读音相同，写法是“佐女牛井町”[1]。最近从NHK（日本放送协会）的大河剧《义经》中得知，这里曾有源义经[2]的宅邸。此外就是鳞次栉比的佛坛店。夹着佐女牛井町的横向马路是杨梅通和六条通。背后一条马路则是油小路。附近有西洞院通、万寿寺通、花屋町，还有一条小路叫“天使穿越”[3]，很动听的名字。

且让我把重访旧居放在这趟旅程的最后，先从京都站出发，向右兜圈子。向右兜圈子，是指从京都站沿着七条通向

---

1. “醒之井”与“佐女牛井”发音相同，都是samegai。
2. 日本平安时代末期著名武士，镰仓幕府开创者源赖朝的异母弟。1159—1189年在世。室町时代初期军记物语《义经记》描述了他的生涯，富有传奇英雄色彩。
3. 原日文为“天使突拔”。

东行进，在智积院所在的今熊野左拐，沿东大路往上，经过祇园、冈崎、百万遍，在高野左转，沿着北大路西行经过下鸭、紫野，由千本北大路转到千本通，过西阵、二条。然后在四条转到大宫通，过岛原之后左转回到京都站。整个行程就是这样。

在京都站下车，不管你喜不喜欢，首先映入眼帘的便是京都塔。无论你想不想看，它都会占据你的视野。京都塔背靠京都的入口东本愿寺，据说是“摩登”地模拟了蜡烛的姿态，这个巨大的恶俗之物让到访京都的人们茫然失措。塔内有温泉，有瞭望台，让人觉得自己是在某个乡镇下了车，离“雅”则很远。据说在“建都一千二百年”的京都站大改造国际设计比赛时，曾有人提出，只要能看不见这座塔，那么车站不管设计成怎样都行。

“走，一起去京都吧。”被这句话勾到京都，最初瞧见的却是京都塔，算是完了。古都何在？“雅”何在？这就是宗教、艺术与学问之都的玄关吗？京都被称作学生之城、町众之城、京女子之城、手艺人之城，可都在哪儿呢？待客之道、穿衣之道、二手书文化，都在哪儿？就连京都人站在这儿时，也都没法大言不惭地说：“京都可不像你们想的那样。你们什么都不懂……”然而不可思议的是，京都市民乘新干线从东京回来，出了东山隧道，当鸭川以及浮现在夜空中的京都塔映入眼帘，便会心头一松，“呵，回来了。”不知道这种现象是好是坏。事实上，据说有好几个小学把“京都塔”放进了校歌歌词。

京都的街道在纵向分为上京、中京和下京区域，横向则分为左京和右京。下京是京都典型的市井地区。你也许不信，这片区域从前是时髦地带。如果坐火车，这里算是京都的玄关口，车站前曾有一间在东京和岐阜都设有分店的大百货商店“丸物”（其前身则是建于大正[1]年间的京都物产馆）。位于池袋的东京分店后来被西武百货收购。这里有两家电影院和屋顶游乐场，还有大型西式简餐厅，对下京区的居民来说无疑是一处豪华的公共空间。之后“丸物”更迭为近铁百货京都店，后来也撑不下去了，把一部分租给无印良品、旭屋书店以及GAP等品牌。然后到了平成十九年[2]二月，“丸物”自创业以来八十七年的历史终于落下帷幕。据说创始人中林仁一郎是一位富于进取精神的人，曾把商场一角开放给年轻画家们进行交流和创作，藤田嗣治和东乡青儿也曾出入此艺术角。商场举办停业纪念活动时，向公众展出了据说是由二人合创的珍藏画作《海山之幸》。

1. 1912—1926 年。
2. 2007 年。

拉面文化

出了京都站，206路第一个右拐后到了七条乌丸，走路过去要比坐公交车快。此处的看点当然是东本愿寺这座世界上数一数二的巨大木构建筑，但更该留意的其实是寺院前的马路。乌丸通笔直地伸向北大路的更北面，一直到六间（现在的今宫通），却只在这里抖出一个弯。让电车经过东本愿寺的正门太失礼数，所以从前铺设市营电车轨道的时候，人们让轨道迂回了一下。穿白袜的[1]曾有如此之大的权威，如同茶道和花道的宗师。

平安时期的乌丸小路扩张成现在的乌丸通（如今读作“karasuma”，从前据说是读作“karasumaru”），这段来龙去脉说起来就像日本史的教科书，牵扯到丰臣秀吉和德川家康。在应仁之乱[2]中乌丸小路变得破破烂烂，碰巧秀吉的禁里御所要重建因而得到修整。后来家康向东本原寺赏赐土地，乌丸通随之从五条向南延伸到南七条。再后来因为18世纪初的“宝永大火”[3]，江户幕府拆迁了御所西面为数众多的民居，在原地建起贵族公馆。最后则是明治十年[4]设置了七条车站

1. 此处“穿白袜的”指代京都佛教界。
2. 室町时代应仁元年（1467 年）开始的为期十年的内乱。
3. 宝永五年（1708 年），发生在京都的大火灾。
4. 1877 年。

（第一代京都站）。从此，以车站为起点，乌丸通成为京都的主干道。而在三条到四条之间，建起了京都邮政电信局（三条东洞院）、日本银行京都支行（三条高仓）以及第一银行京都支行（乌丸三条）等代表了明治时期砖瓦建筑的楼房，乌丸通随之成为京都的金融和证券中枢。

接着，我的目光扫过中间扭了一扭的乌丸通和一旁的东本愿寺，脚步不是向着七条乌丸，而是沿着车站前的盐小路向东去。走个差不多三分钟，就有两家在京都格外出名的拉面馆并肩而立，“中华荞麦面专卖·新福菜馆”和“拉面专卖店·本家第一旭”。两家都是深夜还有人排队的老字号。晚上回到京都，我常在这儿吃面喝汤。希望各位在京都站下车后，坐上206路公交车之前，先在这两家拉面馆填饱肚子，亲身感受一下京都老百姓下馆子的滋味。

京都是拉面的王国。我这么说，谁都会感到诧异吧。大家觉得说到京都的食物首先应该提京料理嘛。乌冬面、小菜，尤其是炖蔬菜，这些是公认的京都平民滋味的代表。不过与此并列的，是京都的面馆和煎饼店（后面会提到），特别多。而且还有连绵的“老字号” 路边摊。许多店是战后不久开业的。木屋町的 “长滨拉面”（博多特产）我小时候就有了，所以这家店差不多有五十年了吧。

不过没什么人知道京都是拉面元祖的王国。“二战”后不久，拉面路边摊比拼激烈，在1970年前后迎来了第二次热潮。如今“长滨拉面”已成为老字号，而有着如同法式高汤般浓郁汤头的“天下一品”，也已在全国开设了连锁店。先声明，这里提到“元祖”，其实有点说早了。因为接下来我还得一次次提起“××元祖”“××本家”等品牌，或是“××御用”“有职果子司”（宫中御用点心铺）等字号。

说到拉面老字号，它们都在哪里呢？是在1939年创立的“sakai”御园桥店那边吗？我在大学时代常去的位于银阁寺疏水[1]附近的中华荞麦面馆“masu-tani”（背脂拉面），应该是1949年创办的。那是我出生的年份，所以记得很清楚。“新福菜馆”创立于1945年，“本家第一旭”则是1957年。我不清楚拉面文化是从何时肇始的，如果按由老到新的顺序排列，1953年“新进亭”在二条寺町开业，之后是1954年千本一条的“吉林”，1960年在油小路出水开了“元町”，1967年在四条大和大路、南座对面开了“tonton来”。进入20世纪70年代，激战终于开始了。激战之地在七条、九条、木屋町、下鸭、一乘寺、大德寺、银阁寺一带。一乘寺的“天下一品总店”创立于1971年。如同法式高汤般又白又浓郁的汤头后来享誉全国。于同一年也在一乘寺开业的是“天下有”。1973年，“小金拉面大德寺总店”也出现在紫野的大德寺前。它旁边则是“面许皆传”。我个人最喜欢的是曾为阪神老虎队防守二垒的大叔开

1. 指运河或水渠等人工河道。

的“第一”（1978年在北大路乌丸开业，遗憾的是几年前关了），还有我每次从大阪回来必先吃一碗垫垫肚子的路边摊“力新”，位于四条大宫。

平安神宫的鸟居、金阁寺以及京都塔，京都人不仅爱“浓郁”，也爱“腔调”。去祇园的时候，不妨顺着四条花见小路一直北上，然后向右转。窄窄的路上林立着形同火箭的醒目大楼。而说到祇园，舞伎们的腔调非同一般。位于九条大宫的脱衣舞剧场DX东寺也相当有腔调，与其高科技一同在全国驰名。正因为如此，京都人才会喜爱西阵那些拿着两把武士刀表演做菜的料亭，也才会无比热爱汤头超级浓郁的拉面。

京都人喜欢前卫艺术，也正是在京都，在20世纪60年代诞生了可谓视觉系鼻祖的老虎乐队。我对视觉系没有抵触，大概是因为60年代之前，古装剧的摄影地集中在右京区的太秦，市区的寺庙周围经常有拍摄，我从小就习惯了，而不仅仅是因为看惯了舞伎和僧人。京都到处都有被称作“三奇人”的人们，这些人展现的奇异可是非同一般的。住在下鸭的前卫茶道派宗主一到下午就扮成女装在画廊漫步，然后坐在四条河原町阻止车辆入内的挡桩上，以一种华丽的姿态吸着烟。被称作“河原町的泽田研二”[1]的流浪汉也在商业街上悠然阔步。

---

1. 泽田研二是老虎乐队的主创，当年以形象前卫著称。

京都烧

能和拉面比肩的地道“传统滋味”，就是铁板煎饼。要说各个町都有外卖店和煎饼店就有点夸张了，总之我经常吃这东西。小时候为了看电视上的侦探连续剧到乌冬面馆吃，十岁左右玩耍后回家的路上在公园的摊头上吃，高中放学后到商业街二楼简陋的店里填肚子。店里有许多高中生情侣，拿着吃煎饼的铲子一同操作，仿佛为携手切婚礼蛋糕做着过早的预演。

但京都的煎饼和大阪那种混起来的做法不同。京都人称其为“京都烧”。做法是这样的：用进口面粉调成薄薄的面糊，铺在铁板上，哗地撒上木鱼花，放上馅料，再浇上面糊，裹住馅料。说是馅料，其实基本没什么内容（没人用“豪华”“摩登”之类让人羞愧的词来形容），除了一点儿木鱼花、几丝卷心菜和中式面条，几乎就只有面粉和水。就是这薄薄的浇了浓厚辣酱汁的京都烧，在我的小学时代可与百货商场的儿童套餐抗衡。我曾在儿童公园破落的摊子上狼吞虎咽，还曾经和朋友打赌狂吃十三张——爸妈给的零花钱少，吃的时候心里没底，所以对数量记得很清楚。

食欲旺盛的青春期，我吃来自大阪的“摩登烧”。放乌冬面的比放中式面条的便宜。开始喝酒之后，超薄的铁板薄饼

“葱烧”成了最好的下酒菜。久而久之我自己也做起煎饼来。从附近的铁制品厂要来废弃铁板，铁板厚，煎出来的饼子形状难看，却焦而不黑，别有一番趣味。现在，我要么在大阪的工作地点附近吃制作过程如杂耍般刺激的长方形煎饼，要么和学生一起大嚼三千日元的超大铁板煎饼，做这个煎饼的三名男女都快奔八十了。

山本曼波

寻味老字号，除了拉面，也可以选择铁板煎饼。其中一家老字号“山本曼波”，正好是在“新福菜馆”和“本家第一旭”这两家拉面老字号对面。具体位置是盐小路高仓下行方向的东边，位于横穿JR铁轨的车道旁。

一进门，就听到“掌柜媳妇”中气十足地吆喝：“饮料在柜子里，和自动贩卖机一个价，喝水自便！”菜单上就几样：曼波煎饼、炒面、大阪煎饼、荷尔蒙煎饼[1]。其余就靠油渣、肉、大葱、章鱼、内脏和鸡蛋这些浇头来变换样式。用面糊加红姜、天妇罗酥碎、油渣、少许大葱、切碎的香香[2]（关东叫作新香）和木鱼粉做成饼。如果硬是要求来个“不加浇头的”光饼，店家就会反驳：“真的赚不到钱呀。”我只好软下来说：“那就要猪肉、虾和……”

开业五十六年，铁板已经是第二代，差不多两厘米厚。火用的是炭和蜂窝煤。老板（貌似）六十六岁，老板娘怎么看都像他的女儿。

“你们是夫妻？”

1. 荷尔蒙煎饼指的是放了内脏的煎饼。

2. 指腌萝卜等腌菜。

“这个嘛……”

“关系可疑啊。”

“无所谓啦。”

“是你女儿吧？”

“哇哦。”

遗憾的是，这家店只在上午十点到下午四点三刻营业。我问原因，回答说是“身体吃不消”。

我再一次意识到，我也到了能谈论这些话题的年纪。

母亲在我小时候一直生病，每次我偶尔瞥见她站在厨房冷冰冰的水泥地上的身影，那简直是种煎熬，所以晚饭即便只有一道菜，我心里也就满足了。但肚子始终会饿。

放学了，和朋友们在儿童公园疯过后，聚拢到公园一角的小摊前，围着铁板用小铲子吃京都烧，那真是无上的愉悦。用公园的自来水化开面糊（当然没放鸡蛋之类的奢侈品），在铁板上摊成纸一样薄，撒一点点木鱼粉，再撒一点点葱丝和红姜丝，然后撒上（这是重点）切成三厘米左右长的中式面条。所有的材料都是很少的量。最后再浇上面糊，把两面稍微烤一烤就成了。丰厚多汁的煎饼，就像没烤焦的可丽饼。便宜极了。

吃的时候我们基本不开口讲话，卖煎饼的大婶有时会冷不丁问一句无关紧要的，基本都不是学校的事。我们就像回答母亲那样，少言寡语冷冰冰地答了。然后又是沉默。最多十五分钟的幸福。

也许我是想看到这位大婶为我忙碌的样子。或许占据味道的大部分的，是有人为自己做饭的心情。如今我年过五十，在居酒屋、小饭馆或中餐馆，我还是选择坐在料理台边。我会像长颈鹿一样伸长脖子看着。

“我以为，懂得味道的人，也懂得人间的情。”过去曾有位厨师这样说。就是说，别人为你付出劳动，你要在心里存一分情，否则无法懂得味道。每当我思考味道的本原，这番话就在心里激起回响。至少比起那些有关味蕾组成的“科学”讨论更打动我。我讨厌餐厅的西餐、酒店的中国菜、料亭的怀石料理。那些都远离了厨房。有人正在为我做饭——这种画面对我有着强大的吸引力。不管多么奢侈的一餐，一个人吃也是没滋没味；而如果看得到厨师的身影，则会觉得更加美味。这是在味道上最切实的一件事。刚才也写到，我小时候，母亲因为骨疡长期卧床，家里平时一道菜就已足够，但我的食欲总在抬头。每当这种时候，我就吃当时的一种快餐——“可乐饼”，那是最棒的美味。这份回忆大概不会消失。“吃”这件事总有种刺痛，与其说是把食欲解决掉，不如说人总是败给食欲。

不过“山本曼波”这家店相当挤。如果着急吃到京都烧，我会转战与东本愿寺相邻的七条乌丸，往西走，有家叫“堤”的煎饼店。这家店加了牛筋的葱香煎饼特别好吃。

味之味

味觉这东西的确奇妙。电视上的美食节目经常大讲“好吃”“好吃”。人们一边嘴巴里嚼着热菜，一边说“好七”（好吃），而人觉得好吃的内容随着时间不断变化。实际上，年近三十时我还吃不惯煮笋和高汤浸菜花，而如今，一到时令我就为这些菜双眼放光，对琵琶湖畔那种发酵的鲫鱼寿司[1]也咂舌称妙。

调味确实是烹饪的基本功。人们不是生吃摘取和捕捉到的食物，而是通过烤、煮、蒸等方法烹饪，做成“好吃”的东西。然而这中间发生了奇妙的变化，“好吃”自身也在经历不断地更新。

人不喜欢寡淡的食物，稍微有点儿甜或是酸，立刻就有滋有味了。相反，对苦味和酸味，人们一上来总是皱眉。但是这些原本难吃的味道会逐渐超越甜味，变成大人才懂的滋味。而对味道的探求并不到此结束。人会产生一种把发酵食品和带臭味的食品当作珍馐的嗜好。从长毛的奶酪到纳豆，乃至臭鱼干[2]。让

1. 发酵的鲫鱼寿司，日本滋贺县土特产，将鲫鱼加盐和米饭，腌制多年制成，有独特的臭味。
2. 日本的臭鱼干是伊豆等地的特产，把竹荚鱼等剖开后浸在用盐腌制发酵的鱼内脏的液体中，然后晒干。

人辣得刺痛的“激辣”也是嗜好当中不可少的。嗜好如果进一步发展，人就会转向病态的食物或是毒药，如肥鹅肝等故意让动物生病得来的食物，或是如河豚肝那种对人体有危险的食物。

那么，味道的终极是什么呢？是生鱼片和韩式生牛肉。没什么，就是回到生吃。仅仅是把吃“生”的换了个说法，叫作吃“纯”的。这就是人类漫长得没了滋味的味觉之旅。

所以，不管在哪个阶段让味觉主宰都没什么大问题。最庸俗的就是嚷嚷“这才是终极的味道”。我在京都有位最信得过的以知味著称的朋友，有次他对我说：“今天就包给我了。”他带我去的第一家是木屋町的“菊乃井”，坐的是料理台边的位置。之后他说：“再陪你去个地儿。”我们坐出租车去了川端二条的煎饼店“梦屋”。坐在蒙着人造革的廉价椅子上，自己从酒柜里拿红酒喝。能够端着红酒杯吃铁板煎饼的地方也只有这里了。

另有一家煎饼店“一钱洋食”，我也想说说，不过要留在祇园篇。

说起味道，我又想起了七条内滨。叫作“内滨”，其实并不是海滨，而是鸭川河畔。这一带从前有个大婶摆的摊子，听说那大婶待人极为亲切。价格便宜得等于白吃。只要愿意听大婶唱歌，谁都可以在那儿蹭吃。那摊子不知为什么有很多白皮肤的外国人光顾。那位大婶如今大概已经不在了吧。

七条内滨

七条河原町一带叫作“内滨”。河原町往东一点，流淌着因森鸥外的《高濑舟》而闻名的高濑川。这一带从前据说是木材和米的集散地，如今仍留存着“滨”的名字。高濑川是庆长年间（17世纪初）角仓了以[1]主持开凿的运河，由二条起，一直通到与淀川相接的伏见港，曾是京城的大动脉，从“天下的厨房”大坂[2]沿淀川而上，来自全国的各种物资经过这条运河运往京都市内。

小时候，常来我家的电器行的哥哥是这一地区的皆山中学的毕业生，会吹长号。尽管他的技术还没到进入“京交”（京都市交响乐团）的程度，但音色圆润，足以让当时上初一的我陶醉。我第一次见识了五线谱。受那个哥哥影响，我后来开始参加每周三晚上在皆山中学体育馆进行的乐队练习。练的都是些怀旧的曲目：《星条旗永不落》《拉德斯基进行曲》等。

从木屋町的五条到七条，五条乐园（江户时代叫作七条新地）是一处给人带来安慰的街区。这里有现在仍“营业中”

1. 角仓了以（1554—1614年），日本战国时期的京都富商。
2. 大阪旧称“大坂”。

的老式青楼、著名的××组的总部，同时有着浓烈的手工艺者的工作气息，河畔有美丽的柳树。坂口安吾[1]等东京作家每到京都逗留，总会来这里。现在这里成了京都护理文化的中心，河原町正面（“正面”是个正式的地名）有一家在老人护理方面处于先进地位的看护及研究机构，名叫“京都长寿康健中心”。再加上附近的隶属东本愿寺的枳壳邸[2]，如今这一带街区用“枯”来形容，比“老”更适合。

穿过这里，过了鸭川，路忽然变成了上坡。越过京坂电车的七条站，右边是一座放映色情电影的B级电影院“南馆”。再走几步，左手边有谷崎润一郎经常光顾的鳗鱼杂烩粥店“草鞋屋”。鳗鱼杂烩粥这东西，我只在这家店吃过。过了这家店，左边是京都国立博物馆，右边是以射箭比赛和一千零一尊观音像而著称的三十三间堂，再往东则是原来的京都公园饭店，现在改由外资经营。尽头是真言宗智山派的总本山智积院。国立博物馆的北面有丰国神社，是讨厌家康、偏爱秀吉的京都人在明治之后重建的。神社里挂满了饭勺形状的许愿牌。从今熊野（七条东大路）十字路口往南一点的位置往坡上走走，就到了昔日京都艺术大学美术系的所在地，风度翩翩的少男少女曾在此阔步。路口左边往东山方向上坡，则是“京女”

---

1. 坂口安吾（1906—1955年），“二战”后日本文学的代表人物，小说家、评论家。
2. 一处著名的日式庭园，又称“涉成园”。

（不是“京都女子”，是京都女子大学）的“女坡”。小时候我一直以为“京女”指的是京都大学的女生校舍。有时在路上碰上房东家的千金，听说她是个“相当聪明的人”，所以我没敢打过招呼。

往北

清水坂

在今熊野向左转，一路往北，进入东大路。这条路在明治末年拓宽，大正二年[1]取名为东山通。走不远就有条路通往左右两边，那是五条坂。从左手边沿着五条通往下，就到了五条大桥，向东沿着大坡度的行车道上坡，就是大谷本庙，即西本愿寺的墓葬区。接着，再经过一片因歌舞伎《鸟边山殉情》而知名的墓地，越过有火葬场的东山，就到了山科。五条通宽五十米。“二战”结束前不久，以防止空袭火灾（或是军事上的原因？）为由，强行迁走了从东大路到千本通大约一千两百户居民，而后形成了这条路。在这一点上，和巴黎的林荫大道（Les Grands Boulevards）很相似。提到五条大桥，正如歌中所唱，“京都五条桥上，男子汉弁庆……”，人们会立即想到义经和弁庆宿命般的相逢，但其实现在的五条通是过去的六条坊门小路，而鸭川上的五条大桥过去则位于五条通更北面的松原通。

附近的五条坂因一年一度的陶器集市而热闹非凡。其实五条坂本来指的是从这个路口往东北方向延伸的坡道。沿着坡

1. 1913 年。

道上行，从与产宁坂接头的位置（街角有售卖七味辣椒粉[1]的“七味家本铺”）起的那条通往清水寺的参拜路，就是清水坂了。每到假日，五条坂挤满了私家车和公交车。沿路皆是陶艺家和陶器商的铺子，着实是一条陶艺之路。上坡到顶，便是清水寺。清水寺创建于延历年间，距今约一千二百年。想必大家通过修学旅行对这里已经是门儿清了，我就略过不提吧。有句俗话叫“从清水舞台纵身而下”[2]，这并不是传说，去年也有自杀的人往下跳，特此向各位报告。

清水寺和知恩寺一样，是我读小学那会儿写生作业必去的地点。建筑整体都是深茶色的，真是难画。老师讲：“实际看上去并不都是深茶色的呀。要更有个性！”苦思一番之后，我毅然改变做法，把其中几片瓦涂成粉色、黄绿色或是天蓝色，这才终于让老师满意了。我所受的教育中的“个性”，也就这种程度而已。

从五条坂到清水寺的途中，左手边冒出一条四十六级的陡峭下坡路，这就是产宁坂。产宁坂在途中分叉为八坂通和二年坂，如果沿着二年坂继续走，就到了高台寺的参拜路。高台寺是日本画家竹内栖凤的旧宅，是北政所[3]为了悼念秀吉的亡灵

---

1. 以辣椒为主的日本香辛料，添加了紫苏、花椒、陈皮、芝麻等。
2. 清水舞台是与清水寺本堂衔接的建筑，高踞山崖之上。“从清水舞台纵身而下”，意思是下定非同一般的决心。
3. 北政所，丰臣秀吉的原配妻子。

而建的寺庙。这地方京都人很少来。原本附近有家昭和末年开的“天界”。这家店是老宅改建而成的，本来的定位是“大人们的隐秘酒馆”（该店的特色是可按客人的要求提供鱼鲜，露天风干后，由客人自己用炭炉烤来下酒），但不久前关了门，搬到下河原去了。不过，正如嵯峨野或是“哲学小路”，对于第一次来京都的“新手baby”（及川光博在音乐会现场对初次到来的观众的爱称）来说，这条散步路线可能会不好消化。

京都是“古都”吗？

京都是属于修学旅行的城市。一想到全日本的居民当中有多少人来过这里，就有些恍惚。来过两次的人也不少，高中一次，之后又来一次。一提到修学旅行就是京都，当然因为京都是“历史城市”。但我最近觉得，说京都是“历史城市”，这一判断从根本上就是错的。像京都居民这么缺乏历史意识的可谓罕见。难道不是吗？京都人混淆了回忆和梦，分不清什么是希望、什么是过去的痕迹，这种时间感和历史意识的阙如因古寺和老房子的存在而模糊，被偷换成所谓“有历史感的”心境。或许正是因为部分地区的外观没有变化，反倒禁锢了历史意识的觉醒。

这座城里有些地方，若你问“这是什么时候的”，我很难做出回答。临近的历史名城，譬如大津、奈良，还有大阪或神户，它们都有各自的时代面孔。而京都则一直是“古都”，几乎让人心烦。

但正是京都这种无历史性引发了我的兴趣。京都人时间感觉的阙如，可与“茶泡饭”[1]的笑话并列，广遭揶揄。譬如当

1. 当京都人对客人说“吃碗茶泡饭再走吧”，其实是送客之意。

京都人讲起“最近的战争”的时候，他们指的其实是应仁之乱，如此等等。不过我们倒也可以通过这种现象，来关注一下京都人非单纯线性的时间感觉。

是啊，原来也可以这样思考——给我这一启发的，是大概在十年前的夏天，由比利·丰塔纳开展的“音响雕刻”实验。市场的喧嚣、车的嘈杂、校园的铃声，或是枝叶的喧闹、鸟的鸣啭、河底的轰鸣，还有钟声、水琴窟的声音、织机声、从茶屋逸出的三弦音。日常生活的声音、大自然的声音和传统的声响构成了异质的三重维度。该实验把这些飘浮在市井的声音用最顶尖的音响装置和通信装置集结在东山脚下，并将它们统合、叠加。

丰塔纳也许是想通过这个听觉实验，让都市固有的“同时性”这种时间形式浮现出来。这种“同时性”并非像念珠般线性相连的多个“现在”，而是越过时差重叠的多个“现在”的厚度，或是其中压缩的浓密的能量；是现在的多层性，九鬼周造大概会称之为“垂直的狂喜”（ecstasis）。多个异质的现在交错冲突，无意识间让一个全然不具非生产性的城市保持高温，京都这个城市就是这么被开发出来的，或许如今我们更应该体会其中的苦心，并再为之添把火。

比起建都多少多少年这种观念上的历史意识，我觉得“时尚的杂芜”更适合这个城市。茶屋里的西洋古董，老货仓里的咖啡馆，菜市场旁的爵士咖啡厅，寺庙墙壁的尽头的现代艺术画廊，如此等等。

这一类意想不到的店铺散布在东大路两侧，从五条坂到八坂一带。既有隐秘的酒吧，也有西风东渐时代的宅邸——仿佛现在也有人居住，其实却是做创意菜的中餐馆。劳驾您亲临探索。

安井

坐公交车，行至清水坂的上坡入口时向左看，就是松原通，也就是过去的五条。松原通是条奇怪的马路，极不起眼、细细窄窄，但它东面通到清水坂，西面到比西大路更西的佐井西通，绵延五点二公里。这条路也是通往鸟边野火葬场的入口。从松原通左拐，便是六道珍皇寺。每年夏天盂兰盆节，为迎接祖灵举行法事的时候，这里便人山人海。再往西一点则是由空也上人开创，后来成为平家宅邸，同时因镰仓幕府六波罗探题[1]而闻名的六波罗蜜寺。

过了这些到下一站，便是安井。道路两旁看得到鸟居，杂乱的景象吸引着脚步迈向左边的安井神社。

安井神社被情人旅馆前后夹着，神社中央有一处祈祷分手的神龛。其实，来这里观看许愿绘马[2]是我这个“哲学家”定期进行的唯一一项田野调查。

说到绘马，我脑海中马上会浮现两处神社。以藤原道真著称的北野天满宫，以及被亲昵地称作“安井的金比罗さん[3]”

---

1. 镰仓幕府设在京都用于监视皇室和维持治安的高级官职，位于六波罗蜜寺附近。
2. 绘马即许愿牌。
3. 关于“さん”的用法，参见第 128 页。

的安井神社。这两处分别祭祀着学问之神和分手之神。

在北野天满宫，每一枚钉子上累累地挂着写有“希望考上××大学”“××大学合格祈愿”的绘马，像一串随时可能落下的果实，层层叠叠，密密麻麻。哪个孩子如果只有最底下靠近地面的位置可挂，一定会觉得不安吧。有的孩子在一块绘马上写了一大堆学校，我也有点担心，这样三心二意的孩子，神灵会庇佑吗？不过，那些绘马并不值得特意出门去看。

然而对祇园背后安井神社的分手祈愿，我就好奇得多了，经常在路过时顺便去看看。占绝大多数的是妻子祈愿丈夫和情人分手的。让人意外的是，也有很多母亲希望儿子跟对象分手，这有点可怕。因为是分手，所以还有希望从疾病中解脱出来的，希望戒酒、戒烟的，或者希望断绝赌博或偷盗等恶癖的。这些都是男人写的。

前不久去的时候，我遇到了迄今为止最厉害的祈愿。那是一块诅咒的绘马。迄今为止没有哪一块的气势能超过这一块。上面悬挂着丈夫的年轻情妇的几张日常照片。照片上用签字笔写满了诅咒和怨恨的话语，以至于那个情妇的脸都看不到了。我不忍多看，垂下了眼帘。有次还见到了黑色的千纸鹤。不知是用墨染黑的，还是用黑色的纸折成的。一千只纸鹤，大概花了不少钱……我看得入了迷，忍不住再来。每次在祇园喝了酒，借着醉意，不知道带了多少人来看过。其中有个人看过后的反应让人意外。那人说，祈愿戒烟戒酒这些无聊事，证明并不是真心祈祷。从这一点来看，女人们的诅咒是认真的。她们坚信，只要信了，事情终会发生。就像他所说的，是不是真的盼望祈祷能够成真，这中间有着绝对的差别。

那么，下面这个例子又如何呢？在神社内的宝物馆里沉甸甸地挂着祈求与男人分手的绘马。

小女子此前为男子所苦
此番全改心意
断绝一切男女关系
为明此心
与男子断
口说无凭
特奉上青丝以为见证
从今日起
但只在三年之内

这是位五十四岁的明治女子的心愿。大概不是认真的，但多半是真心话。

又及，这座神社被一群可疑的建筑叽叽喳喳地团团围住："双宿双飞"（上有温泉标志）、性病医院、寿喜烧店，还有小型公寓。不少人对这份不明朗和杂芜上瘾。

高台寺塔头——奇人的栖身之所

京都是充满奇人传说的城市。街头到处是空隙，用俗话说就是水太深，让人生畏。遍地都是超现实主义者喜欢的“另一个世界”（autre monde），只要稍微触及通往那个世界的孔洞，被碾压的心、受挫的心顿时便恢复色彩。对我来说，每逢被碾压和受挫的时刻，就想在街上遛弯。

穿过与安井神社隔着东大路的鸟居，沿着缓坡而上，便来到与自清水寺下来的产宁坂的交叉点，继续上坡，来到高台寺。不进高台寺，向左转，往北走，这条路通往八坂神社。左边有卖甜酒和抹茶的“文之助茶室”，右边有高台寺的塔头。土墙绵延，遗憾的是墙上有人恶作剧地留下了痕迹。这些塔头中的某一间，也是烂醉的京都奇人们光顾的秘密客栈。

人们以地段来选住宿。有时候则以房子的外观或房间的趣味来选。但也有些时候会以房主来选。G院就是如此。伊东甲子太郎在新选组当参谋时，曾经与副组长土方岁三平起平坐，高台寺是他在脱组后与十五名同志的藏身之处。虽然是一所大庙，因为是塔头，几乎没有信众出入，为了赚取维持寺院的费用，这里开辟了停车场和民宿。

我经常向“可靠”的熟人介绍这处民宿，因其隐蔽的地点，更因与这处禅房有关的奇人。而且这里出奇的便宜。当然，有时候起床后会发现房间里有不认识的人在睡觉，而那人又在吃早餐前飘然而去。大家面面相觑，“那是谁呀？”记得从前有一次，我和学生们在这里集体留宿，从某间房里传来一个男人的声音：“别这样……”

不过，似乎有很多人会被别的事吓到。首先是住持的连体工作服。十多年前，年届花甲的住持穿着肥大的粉色连体工作服和印有机器猫头像的T恤衫。护膝上好像是迪斯尼里的角色……他斜斜地伸着腿，坐在没铺地板的入口处，和客人打招呼。见到他这副模样，大家瞬间就迟疑了。甚至有朋友说：“啊，算了。”随即告辞。

进到主屋的厨房，又是一惊。角落里随意摆放着四十多辆披着少许尘埃的轻型摩托车，都是特殊的规格。其中有全长四十厘米左右的超迷你摩托——长度跟迷你裙也快差不多了；还有逍遥骑士系列的轻骑，龙头异常高挑地耸立着。几乎每辆车的坐垫都快贴着地面了。而真正让大家愕然的事儿发生在第二天早上。

我们住在正殿，凌晨我方才睡着。当脸颊感觉到朝阳温暾的热意时，引擎声把我吵醒。正殿前方的院子里有条通往后院的赛道，比人行道宽一些，铺的不是石块而是水泥。住持一直藏在树丛中查看正殿这边的情形，不断发动着引擎吸引我们注意；我们排成一行吃着全素的早餐，忽然注意到院子里有好戏看，便鼓掌喝彩。轻骑秀随着欢呼声开始。最后，住持把车开到后院退场。“好可爱哦！”女学生们喊道。浓荫掩映的清晨的寺院，瞬间变成了赛车场。

学生们和住持意气相投，这也让我高兴。前一天晚上，住持给大家看了他小时候骑在游乐场木马上的照片，还有他穿着背带短裤和白袜子骑在形如马达的红色按摩机上的近影。接着又展示了他在沙发上大张双腿的照片。和我一起来过这里的森村泰昌点评：“摩托和按摩机，秘密都在腿上。”不愧是“艺术家”，犀利。

吃完早饭，观摩了摩托表演，走出寺门时不禁恍惚：这二十四小时究竟是怎么过的？阳光显得格外耀眼。

京都还有很多地方住着行事低调的奇人。光我身边的两个巴掌都数不过来。之后我还要介绍的堀宗凡、“一泽帆布”的老爷子，还有刚才提到的流浪汉“河原町的泽田研二”，他们都已经过世，奇人确实在一个个减少，但同时，新的奇人不断涌现。事实上，离这座G院仅三百米，就在我们之前走访的安井神社及其周边密密麻麻的情人旅馆的间隙，住着我的一个朋友，他可是未来的奇人候补。四十岁那年，他抛下资深陶艺家的地位，摇身一变成为了时尚设计师。

再次讲述奇人传说

成熟的城市，肯定会有无人不晓的奇人。京都有莲华谷的三奇人、吉田的三奇人，以及下鸭、古门前的三奇人等，所到之处均有奇人的传说，两只手都数不过来。

行事与“合理性”无缘，不考虑效用或意义，这是作为奇人的条件。尽做些吃亏的事情，把全部财产投入没有意义的事情，用整副身心投入毫无所得的事情……这样的人，的确偏离了人生的常态，但其人生是笔直的。

别人一激就忙不迭地回应，知道会吃亏还是硬撑，为大义献身，为某人痴狂，被美好的事物所吸引，时而放荡纵欲……一条路走到黑，不惜粉身碎骨。虽然嘴上表示无奈，说他们是“傻瓜”，内心却能理解这些超越了怪人的奇人，或许也是因为被他们坚守的人生道路所吸引。他们会向我们展示，这条路行到山穷水尽时，究竟会是怎样的情景。

这是种投向寻常人生的来自“外部”的视线。他们认真地挥霍自己的人生，反而是对市井百姓的质问：你们小心翼翼守护的人生，有挥霍的价值吗？奇人与怪人不同，是超越到彼岸的人。

有奇人的城市宜于居住。因为人生的边界以可见的方式呈现出来，再往前就玩儿完了。也可以说，这样的城市明确地雕琢出人生的里程碑。反过来说，有了一道谈不上是保障的保障，只要在这个边界之内，不管做什么都能过得去。在这个意义上，有奇人的城市是自由的。

有奇人也是城市成熟的标志。因为在那里，人们对与众不同的人事物敬而远之，但同时也有着容许其存在的胸怀。那样的城市有种气度，不以奇人的存在为忧，反而可以抱着一种遥远的预感，万一有一天整个城气数将尽、走投无路的时候，说不定奇人的存在会成为改变的契机。

也许因为这份成熟呈现在外，从过去一直到二三十年前，不断有无处可去的奇人从全国各地逃到这里。退了学的身着奇装异服的年轻人陆续集结过来。前卫艺术家做着不明所以的表演。前卫建筑家哼哧哼哧地建起古怪的建筑，把老房子挤走。而城里还有许多不走寻常路的人欣赏他们的所为。

看到了当作没看到。敬而远之，同时容许其存在。这才是成熟的都市拥有的宽容精神。正是在这样的摩登都市，奇人的传说才能长存。也许成为摩登都市居民的条件是能够在潜意识中做出这种考量——认为噪声才是活力的源泉。

“普通”消失的城市

奇人不“普通”。换句话说，奇人只会出现在安全的地方。正因为有与之对抗的“普通”，奇人才得以成为奇人。无奈的是，城市不知何时被这样的光景所覆盖：奇人居住的街区也消失了，人们变成了彼此眼中“奇人”。

从警察白皮书或犯罪白皮书来看，事实上恶性犯罪在近年来并未急剧增加。所谓恶性犯罪，包括凶杀、抢劫，以及强奸、放火，从长期范围看，这些犯罪维持在较低的水平。而且进入平成[1]之后，被检举的少年刑事犯反倒呈现徐缓的减少趋势。犯罪量曲线在发生阪神大地震的1995年达到谷底，之后一时有过微弱增加，然后基本持平。

我想会有不少人对这一统计结果感到意外。因为一方面青少年严重犯罪的报道不绝；另一方面公共机关的各类不良事件和系统缺漏相继暴露，社会上对“安心·安全”“危机管理”等呼声正日益高涨。

统计显示的数字和生活的实感有着巨大的偏差。虽然事实上恶性犯罪长期维持在低水平，但人们不仅没有“安心”，反倒是“恐惧”在每个人的生活情绪中不断增长，这

1. 平成元年是 1989 年。

是为什么呢？

以往的城市必然有边缘地带或是不良街区，人们去那里会感到害怕。譬如“站街女”穿行的商业街后巷、黑帮总部所在地，或是城市边缘的无人地带。除了这些似乎容易发生犯罪的地点，过去的城市还有许多让人畏惧的孔洞和间隙，譬如城里的神社、林木蓊郁的寺院属地、“奇人”或边缘人聚集的无牌照酒吧、节日出现的一溜可疑的夜摊，只要涉足这些地点，世界就好像翻转过来，或是好像走到了这个世界的“外部”。凭借地缘熟悉度或是氛围，城市居民对此类场所心知肚明，就连外来人也能有所察觉。事实上，从五条乐园到祇园，我们之前经过的公交线路背后的巷弄，如今也是这样的场所。

但观察以东京为首的象征现代的大城市——或者该称之为超越城市的城市——我们已没法立即辨认出这类场所。不，是城市本身已无法再让人将其作为一个整体的象征性的形象来把握。过去的城市就像人体一样：这里是城市的头脑聚集的区域，这里是充斥着食材和餐饮店的一带，这里是城市所谓的“下半身”。然而，现代城市的各项功能混同一体，不管截取哪一处，都延续着同样的景致。再也没有颠覆世界的可怕孔洞，唯有平稳（并无聊）的日常风景连绵不绝。

然而，那些一旦进入就颠覆世界的孔隙并未消失。应该说，它们开始于内在出现，出现在“普通”的公寓房间里，或是住宅区的某一间。它们像小孔一样星星点点地散布在如同沙漠的徐缓渐变中。如今，不少犯罪恰恰是发生在社区、住宅区和写字楼区这些“普通”的地点。

过去的边缘地带让人感到畏惧，是因为在那儿，人们切身感受到了共同体的消失或解体。那里是“普通”无法通行的场所。而现在，“普通”的地点变成了可能发生任何事的地点。我们不知道邻居甚至家人有何感有何思，这样的恐惧浸透了日常。也许是在“普通”的名义下，共有的信赖的空气正在消失。如果危险的场所指的是“共同性”解体之处，那么如今这样的解体或许就发生在“普通”的地点。

> 所谓的共同性（与国家或自治体强加的秩序无关），也许在生活者的活动过程中不时出现和消失。应该理解，没有共同性就没有地点；而如今的城市，地点正不断地变成非地点。

此话意味着，城市的崩坏首先是生活者活动的解体，继而是生活者内在层面的解体。

从石塀小路到下河原町

接着，让我们从刚才的G院前出发，走上曲折呈“卍”字的石塀小路。石头围墙绵延的宅子成为那些热爱京都又想避开观光地的客人的“隐秘之家”。料亭、料理旅馆、茶屋，还有石原裕次郎和胜新太郎等电影界人士偷偷留宿的老酒吧。这片区域据说建造于大正[1]初年，乍看像是住宅区，其实丝毫没有生活气息。挂着待客的布帘，却没有餐馆的情趣。这条路当然不能开车。被雨打湿的石板路太有风情，让人畏惧。电线杆的存在让风情稍减，仿佛为了取得平衡。小路到了尽头，是一处又暗又窄的巷子，头顶上是跨巷连通的二楼。虽然景致落寞，但之前那条路不容人窥探的冷淡风韵在此消散，让我这个下町子弟终于松了口气。

走出石塀小路，就是下河原通。沿着缓坡向北，左手边排列着会席料理[2]老店、料亭、鱼料理店、京都老牌点心店，右手边则是一间间像住宅一样悄然挂着门牌的茶屋。一路行至八坂神社的南入口。我后来才知道，这里其实是八坂神社的正门，四条通和东大路交接处那座朱漆大门才是后门。一进门的

1. 大正元年是1912年。
2. 宴会风格的菜肴。

右手边是“中村楼”，如今也有些高规格的宴会或婚礼在这里举办。对京都人来说这里门槛也颇高。从中村楼的前方走进神社，八坂神社的正殿映入眼帘。侧面有座能剧舞台。每逢庆典，这所神社内便摆满了夜摊。既有展示可怕蛇女或是掉毛的营养失调狗儿的杂耍屋，也有手工艺品摊、章鱼丸子摊、玩钓气球或射击的摊……路的两侧挤满了摊子。经过这里的人们个个笑逐颜开。

穿过这座神社，便是圆山公园。赏花时节，公园与西大路的平野神社一样游人众多。以被圈起来的巨大垂枝樱为中心，市民们见缝插针地铺上席子。我不清楚从前这里是什么样子，但京大哲学教授九鬼周造曾这样描写过“二战”时圆山公园的赏花情景。

差不多是晚上八点吧。人们在垂枝樱前的广场的高台上放起唱片，台下有二十来人围成一圈跳着舞。其中有四十出头的秃顶男子，也有童花头的女孩。戴礼帽的人，戴鸭舌帽的人，都在跳舞。有人穿和服不着袴，也有人穿西装。还有年轻人穿着肮脏的工装，击掌打着拍子跳着。一双双脚合着节拍，木屐、草鞋、皮鞋、赤脚、深色分趾袜以及白色分趾袜。有披肩发的，也有扎着头发的。我回头眺望已经满枝青翠的樱树，只见披着和服外褂梳着桃髻的和梳着圆髻围着红围裙的混在一起跳着舞[1]。我站在看热闹的人中间看了一会儿。我旁边的男人嘀咕道，人这么少反倒更好呢。看来樱花盛开的时候有更多人跳舞。

我一个人从知恩院前昏暗的夜路走回去，想了很多。像那样一起跳舞，拿月薪的、店员、司机、工匠、女文员、商店街的女孩、女佣、加油站女郎都在一块儿，真是美好。这是春夜。适合男女混在一起跳舞。像这样自然的事并不多。（中略）

美丽樱花　哎哟　那个喂
风情楚楚　结良缘
哎嘿哟　哎嘿哟

歌声仍在我的耳际回响。不知怎的，我浑身充满了喜悦。我不由得从心底深处为他们每个人的幸福祈祷，尽管我不知道他们都是些什么人。经过嫁接的老樱哟，恢复年轻吧。请你永远标榜爱与美，担任人世间的人性之守护神。

（九鬼周造《祇园的垂枝樱》）

1. 桃髻是少女的发式，而红围裙则是茶屋等处揽客女子的打扮。

我以为，也许这种引人陶醉的无政府性才是京都“风雅”的核心。不过我今天不往八坂神社走，而是走出石塀小路，从下河原往斜对面的东大路走。窄窄的路穿过住宅区，其间不时遇见如同普通住家的小酒馆或中餐馆。知道这些店铺，就能显摆成“本地通”。尤其是后者当中的宴会型中餐馆，在京都每当有研究会，就有许多人出入其间，占领二楼。

但我现在没有显摆的心思。因为就在刚才的下河原通建起了高级公寓，仿佛睥睨周边的架势。公寓搞得好像蛮有品位，但既然高，就没了品位。

为何高就没品了呢？

城市正在遭受空袭

城市正在遭受严重的空袭。也许“空袭”这说法有点过，可是我能想象到的只有这个词。

我在大阪工作，到东京出差时，一般坐飞机，而前往市中心则搭乘磁悬浮。坐磁悬浮让我忐忑。不，现在每次坐也都会忐忑。过了天王洲岛，往滨松町去的时候，磁悬浮擦过沿线的高楼急转。公寓三四楼的房间内部一清二楚。之后，磁悬浮穿过高楼的缝隙，横跨住宅的斜上方或是行人往来的天桥。有时与高架桥交错。

室内因此被非特定的人群窥见。如果想不被窥见，只能放下窗挡。但这样就无法通风。又或者，可能会有数十吨的交通工具或水泥块从天而降，人们却不得不在这些地方居住、行走和工作。这不是空袭又是什么呢？

京都这处“古都”也遭受着同样的空袭。不光是我们刚才走过的石塀小路附近，在古老木构建筑林立的中京区域，大约二十年前起就开始修建高层公寓，仿佛要将民居挤到一边。私宅也罢，老字号商铺也罢，传统旅馆也罢，室内暴露在高楼之下。内院也暴露在高楼之下。阳光被阻隔，加上整日垂着帘子，屋里暗暗的，湿气弥漫。从古时候传下来的御寒消暑的智慧一概作废。

提到“空袭”，就顺便再讲讲，暴力不仅是自上而下的。地面上也有看不见的暴力盘踞，毁坏了地域文化。那就是侵蚀商店街的财大气粗的连锁店。

京都的河原町自古就有成排的书店。某知名书店曾是梶井基次郎的《柠檬》的舞台[1]，最近也变成了卡拉OK大楼。故事中的青年把柠檬想成炸弹，放在一本外文书上。“十分钟后，那本让人气闷的艺术书就会炸成灰。”青年怀着这样的想象离开书店，恐怕有不少人到该书店时会忍不住想起这一节吧。而这样的文化终将消亡。旧书店硬撑着，然而有名的书店都倒闭了。书店旧址建起为玩乐和消费而存在的设施。与河原町通齐名的三条拱廊街上，传承了好几代的钟表店变成了五颜六色的电玩中心；有来历的料理旅馆悄然矗立在洒过水的地面尽头，虽然仍守着房子，但已经部分割让给烤肉店；静静地供应京都特色乌冬面的雅致小馆，变身为吧台式快餐型面馆，整间店里毫无廉耻地贴满了创意菜单。一想到那些留下来的荞麦面馆、刀具店或是佛具店今后将走上怎样的道路，便觉得可怜。

这是泡沫经济之后在全国各地常见的光景。但在看厌之前，请别忘记，这是插在城市腹部的一把“短刃”。“城”会

1. 指的是如今已成为大型连锁书店的丸善最初的总店。丸善京都店在 2005 年关闭时，有不少感到遗憾的读者模仿《柠檬》一书的主人公，买了水果悄悄放在书店。应读者的要求，书店于 2015 年重新开张。

因此瓦解，无法重振。

今后，“城”的重建会是十分艰难的。一些人同心协力，即便时有争执，仍然一起脚踏实地地生活；而另一些人则是住在同一区域的高层公寓里，他们根本不看其他人的生活，仅仅共有着一种抽象的事实：他们活在各个楼层相同格局的空间里。这两类人很难拥有共同的社区意识。商店街的人们在同一片区域工作，和地区同命运；而大企业的员工则是被位于其他地方的中枢所控制，他们游离于地区（他们总是准备着挪到更有销售效率的地点），这两者也很难拥有一致的社区意识。

社区意识，是各自的身体空间、视线在日常的悠然交错的过程中产生的。共度冷暖、风雪乃至灾害，牵挂着彼此的辛苦，在这一过程中酿成了社区意识。然而现在出现在各个地区的，是人们之间过剩的阻隔。

柳田国男在昭和初期曾指出，随着社会的近代化，和“贫穷”这一通行的定义相伴产生的“共同防贫”的力量逐渐消失，“贫穷”变得孤立，最终，只要是“贫穷”，就是“孤立的贫穷”。如果把“贫穷”替换成“问题”，柳田国男的话就变成一种警告，警告我们，现代社会丧失了和“问题”相伴的力量。

无遮蔽、无缓冲，来自视线的暴力。站立和行走都会不安，最终，恐惧让人们陷入“无法站立”“无法行走”的状态。等回过神，我们的身体已经被这一类损伤所侵蚀，只能蜷缩成一团，无法做任何抵抗。我们必须把这些不可见的暴力一个个推回去，在自己蹲在地上抱头呻吟之前，在自己向“有关部门”发出惨叫之前。只有靠这样的“共同”做到的小小抵抗，我们能再次让身体向外开敞，地区的力量也一定能超越都市构造上的阻碍。

祇园今昔

怀着这份念想走出东大路，穿过没有红绿灯的大街，就是祇园的地界。一般的走法是先到四条通，从“一力”的转角沿花见小路下行，但我喜欢先走下祇园背后的这处陡坡，慢慢沿着直角形的路弯进花见小路。

祇园在鸭川对岸，要按古京都的划分，就在城的东端。这个“端”是个有点儿高端的地方，也是个有点儿不端的地方，同时也是个极端的地方。

祇园是作为八坂神社的门前町[1]发展起来的。被人们称作“祇园神”的祇园感神院，原本是天台宗比睿山延历寺的末寺，神道和佛教分离后，该寺就被称作八坂神社。“感神院”这个名字带有异域的色彩，和花街祇园夜晚嘈杂又冶艳的“极乐世界”有某种相通之处。它们都把人往异界吸引过去，将人吞没。

香客、游山玩水之人、在城里无处可待的奇装异服人士……这些人在祇园来来往往、热闹非凡。敬拜过不属于凡间的存在之后，又回到凡间，开斋还俗。寺院与花街，寺院与闹市，两者隔着寺门前的主干道并立，或是兜来转去在后巷比邻。正如大阪的千日前、东京的浅草，京都的誓愿寺前有新京

1. 以知名寺院、神社为中心，相关产业聚集，从而发展起来的聚落。

极，北野天满宫前有上七轩；西面的岛原和东面的五条乐园把两座本愿寺和本圀寺夹在中间，这些具有代表性的玩乐街繁荣至今。据说祇园最热闹的时候是在文化、文政年间，有七百多间茶屋，舞伎的数量超过三千。

祇园也是歌舞伎的发祥地。这里曾有七处在歌舞伎史上留名的小剧场，周遭一带“耸立着壮观的梵天橹[1]招揽客人，舞台沸沸扬扬，终日演着歌舞伎的舞蹈、说唱、女版净琉璃、大小木偶和其他戏，喧嚣声混同着这里上百间有牌照的茶屋的弦歌声，让此地成为洛中洛外头等的欢乐场。夜复一夜，小剧场的篝火和茶屋的烛台、落地灯笼，还有迎来送往客人的手提灯笼交错在一起，呈现出一个恍同白昼的极乐世界”（熊谷康次郎《祇园与舞伎》）。

如此混沌的热闹，忽地从日常性割离而形成的诡异又不端的氛围，在今天的祇园基本是看不到的。祇园街北侧和绳手通酒吧街的耀眼霓虹，建仁寺背后藏在寺院树荫里的情人旅馆的闪烁蓝光，这些地方还残留着一点儿祇园的沉淀，但已经没有祇园的张力。祇园的两大中心，新桥和花见小路一带，以及穿过东大路的下河原一带，如今荡漾着深不可测的寂静和洗练。艺伎在白天独自练三弦，凋零的音色更加深了那份沉默。

---

1. 橹，是一种架设在剧场正面屋顶之上的小型构筑物，井架状。橹上并排摆放五支尖枪，两边各插一根梵天（白色的币束，用以请求神明降临），三面围以印有该剧场标志的帷幕。

有褶子的城

曾经，与城市无法契合的东西不断涌来，像沉淀物一样堆积在这里。祇园，从前是京都的东郊，在这里，小狸猫变成料亭的女招待，来唤舞伎出场待客。而如今的祇园，缺了过去那个祇园喧嚣又野性的面影，而且很难看到祇园的深处。这里本该是最粗猥杂芜的一角，为什么呈现出这样的优雅和静谧呢？真奇怪。

不寻常的事物被不断推到边际。来到八坂，就已经是山脚，再往前便没有路了。无处可去的事物从这里悄悄向城里回流，城里又把这些事物推回边际。于是，这些不寻常的事物在城与边际之间，在名叫祇园的都市缝隙里闪耀，或是黯淡、沉淀。刚才也提到过，八坂神社里，如今在庆典时仍会展示恐怖的"蛇女"和瘦狗。在圆山公园深处的长乐馆享受咖啡是祇园过于高雅的一面，祇园也有着冷冰冰的另一面，神社的活动夹在祇园的这两种面孔之间，有时怯生生的，有时则倏然变得强势。这才是往年的祇园应该占据的位置。

这一类都市的"岛"，作为通气孔，交织出各种各样的故事。祇园是个充满故事的街区，堪称"物语都市"。鸟边山殉情、"一力亭"的大石内藏助、坂本藤十郎之恋、被艺伎藏匿的勤王志士、摩根雪的悲恋故事、近代的歌人学者们的祇园[1]……在祇园每过一条街，每经过一个转角，便有另一个故事的另一番场景翻过。满是褶子的街区，祇园。

1. 文中列举的既有文学故事也有现实，如摩根雪是 20 世纪初的艺伎小雪，嫁入摩根家族，成为一代传奇。

折叠的时间

然而，祇园并不是通过这种制造故事的方式而延续至今的。祇园的华丽大概在于它漠然的一面。或是在于支撑那份漠然的皮肤的张力。有关这一点，只要在祇园走一圈，倾听自己的身体感觉，就足以确认。祇园是一个用身体来领略的地方。

譬如湿漉漉的石板路。骤雨之后的石板路也不错，但店家洒过水的石板路更能怡神。在脚边延伸的水墨世界。走在上面，暖暖的蒸汽抚过人的下巴。脚底感觉到顽石的肌理，紧接着差点滑一跤。木屐咔啦咔啦的撞击声偶尔混着吱的一滑。洒过水的石板路，看起来是那么静谧，可是当你走过，身体各处便开始千变万化、躁动不安地热闹起来。线香的香味，苔藓的触感，屋前洒水的声响，隔着门传来的切菜声，从竹帘飘出的三弦声，老板娘责骂舞伎的尖锐嗓音，叫卖竹竿、豆腐和花的声音。弯腰钻木门的身影。柴鱼高汤的气味。纸拉门造成的阴影。擦得光溜溜的木头柱子的手感……石板路悠久的时间，刻在民居木纹上的自然的时间，路上行人匆匆的生活的时间。三重交叠的时间层。存在于这里的与其说是骚动，不如说是一种潺潺的流逝。在这片街区，你如今也能深深地沉入感觉的阴影里。

之所以能酿成这种感觉的厚度，是因为这里至今都有着工作和居住一致的生活世界。直到现在，这片地区仍开着专售零碎小物的店铺，售卖发插、发簪、扇子、和服衬领、袜、木屐、伞和假发等。还有乌冬面馆、豆腐店和烤年糕店。餐馆和茶屋也有。呈几何状的外观难以言喻：格子门和栅栏画出的利落直线，悬在二楼外面的竹帘，脚边弯出优美弧度的竹制“犬矢来”（防狗栅栏）和矩形的铺路石板，有着清晰边缘的白墙和红墙……一切都宛如抽象画的线面构图。感觉的妖娆热闹和抽象的冷静纤细，猬集与沉默，到处都有这种不可能的组合像奇迹一般出现。

京都有着清晰的边际。那边际同时也是与邻居的边际。洒过水的路面呈规整的几何形。“门”（既是门也是门外，也就是家外面的路）与“内”之间有过于冰冷的明确分界。但正因为有分界，“内”就成了可以悠然藏身的地方。似乎那些野性的蠢动和喧嚣都深藏在“内”。像套盒一样，家里有另一重宇宙。像舞台背景一样从大地上浮现出来的抽象乐趣。也许那是被打磨到极致的洗练的“人工乐园”。正是这样一座城，没有让人一览无余的所在。从产宁坂也只能瞥见京都的一鳞半爪。也许这个城市厌恶从高处窥视的无趣。“那有啥意思！”此地人会说。祇园因此能够保持着人山人海。

祇园新桥

有两处风景尽显祇园的风貌。

石塀小路的抽象性该称为内客厅，让人难以割舍，不过，首先我还是会选从巽桥跟前向北望的风景。茶屋“NEXUS”挂着久经日晒的布帘，内部是混凝土结构，过去里面有熊谷登喜夫的精品店；而紧邻茶屋的是辰巳稻荷神社。这样的组合，这种不可能共存的事物的邻接，体现着京都这个城市的巴洛克性。

还有一处则体现了“狂”的极致。八坂神社的石阶下，从排列着数寄屋[1]风格的罗森便利店、京都派头的老字号、特产店，以及“一力”这种传统茶屋的四条通往北走一个路口，就进入一片不可思议的风景之中。火箭状的光怪陆离的“水”系[2]大楼排成一行，直插天空。大楼内部中空，像一根竖着的排水管，从顶楼往下看，下面就像反射着钝重光泽的黑暗池塘。无非是因为铺了黑色的石头，却让人突然想飞身而下。让人想借着大醉和人生说再见。要抵制这份诱惑大概很难。不过至今为止没有任何人飞身而下，或许因为店里的女子

1. 一种建筑形式，通常指茶室，后也应用至住宅等其他建筑。
2. 指一些特殊的娱乐、接待产业。

会称职地把客人送到一楼吧。是诡异的设计无意中造就了这种细致的用心？这份冷冽的危险无疑也是祇园的一重形象。是的，只要往祇园后面再多走一个路口就能发现，幽雅的建筑背后堂而皇之地夹着“油头粉面”（刺目、没品）的街区。同样的光景可见于绸缎商云集的上立卖新町。由高松伸设计的、红银二色形如巨大战舰的名叫“织阵”的大楼，就是其中的典型代表。

举止与舞蹈——南座

小时候没人带我去看过歌舞伎。说起腊月，京都人首先想到的是新角儿的亮相[1]。一进入十二月，比起大扫除或是年夜饭，女士们的心思更多地在南座的告示牌上。孩子扯着母亲的裙摆说“带我去南座斜对面那家好吃的狸猫乌冬面馆（不是赞岐乌冬面）呗”。至于歌舞伎，我现在偶尔去看，但对剧目和演员并无偏爱。

我这代人至今对“中村扇雀”仍有印象，中村雁治郎[2]继承了上方歌舞伎中断了二百三十年的大牛坂田藤十郎之名。因此，2005年的岁末，在歌舞伎发祥地京都四条南座“亮相”的新角儿，即坂田藤十郎。

据说初代藤十郎是创造了与江户荒事[3]表演相对的上方和事[4]表演的演员，最擅长演俏事[5]。根据水落洁[6]的记述，和事这

---

1. 歌舞伎演员的合同是每年十一月到次年十月，因此十一月起就能看到舞台上的新面孔。京都南座则是十二月新人亮相，备受瞩目。
2. 此处指第三代中村雁治郎。本名林宏太郎。曾是第二代中村扇雀，承袭坂田藤十郎之名后便成为第四代坂田藤十郎。
3. 演员夸张地表现鬼神。
4. 演出柔弱的恋爱型美男子。
5. 大名或富家少爷为爱情或正义流落街头。
6. 水落洁（1936—），古典戏剧评论家。

种艺术呈现的是这些东西：年轻的公子爵爷因恋爱而堕落，以潦倒的姿态邂逅女人的“俏事”，表现爱欲的“湿事”，情人争吵的“口说”，以及用语言再现往事的“单口”，等等。与江户不同，在京都大阪一带，和事演员的名号不是靠血缘而是靠艺术风格继承的。

隔了十多年我再去南座，看了藤十郎的《曾根崎殉情》。天满屋的阿初由藤十郎饰演，平野屋德兵卫则由他的儿子中村翫雀饰演。《曾根崎殉情》的首演是在1953年，当时艺名还是“扇雀”的藤十郎演阿初，德兵卫则由他父亲雁治郎（第二代）饰演。因此，藤十郎先和父亲演恋人，之后又和儿子演恋人。

“我也一起去死吧……”藤十郎用紧绷绷的纤细假声抽泣道。净琉璃变调的音色与三弦的铮然之声响起。感情融化在时间里，缓慢又缓慢地展开。

把恩情化作仇恨的平野屋老板惣兵卫，以及自私的旧友九平次会聚一堂，藏在外廊地板下的德兵卫听到九平次说自己坏话，差点喊出了声，阿初用和服下摆将他按住。接着，阿初一手拿着烟管，一边替德兵卫辩护，一边把脚悄悄伸到地板下，向德兵卫确认其殉情的意志。德兵卫把阿初的脚尖按到自己的咽喉上，表达殉情的决心……这一幕充满妖艳气息的著名场景告诉人们，“心”绝不是不可见的内在之物，而是可以通过指尖、脚尖传达的可见之物。

融于时间和（身体）空间的人的“情”。这份情浓到让人胸闷。其浓郁，让人完全忘了是男人演的女人、老人演的少女。男女的声音和体态中表现出的，本来不过是虚拟的印记，然而歌舞伎鲜明地呈现出，正是这些印记让“人”形象化了。

《曾根崎殉情》之前的剧目《京人偶》，则直接呈现出了其中的构造。这部戏也是由菊五郎（饰演左甚五郎）和菊之助（饰演京人偶）这对父子表演。甚五郎把他爱慕的花魁雕成了人偶。人偶活灵活现，但因为没有女人的灵魂在内，所以动作笨拙，像个男人。因此甚五郎把一面据说装有女人灵魂的镜子放进人偶的怀中。人偶变成了花魁，开始起舞。一旦抽掉镜子，又会恢复男人的动作……男演员演出女人和人偶的双重形象，并且在不丧失女性魅力的情况下一会儿模仿男舞一会儿解除。如此这般，印记一层层交叠在身体之上。

将印记作为样式加以洗练，就是歌舞伎的身段动作吧。歌唱般的道白，流水般的动作，给我们的“情”赋予构造。如今我们将可见可闻的“情”的构造称作“印记”，我们将自身投射到舞台上演绎的“印记”之上，并产生共鸣。这就是歌舞伎能够俘获从前人们内心的原因。

而现代人面对歌舞伎中映出的“印记”，大概只能感觉到虚构。但我希望，把语言化作“歌”，把举止化作“舞”的愿望尚未消失。

一钱洋食

从南座旁边，刚才的御手洗丸子店和乌冬面馆稍微往东，四条绳手通的街角过去的第二间、派出所的北邻有家店。那就是“一钱洋食”。这家店过去悄然矗立在流经北面约两百米处的运河的桥畔，现在则成了四条绳手入口的标志性店铺。对了，旁边是派出所。

京都烧是这家店的特色：把面糊摊成薄薄的一个圆，当然要加卷心菜、天妇罗碎屑和泡红姜，中间夹上煮成甜味的魔芋和半熟蛋。其实这家店只做这个。仅此一处的好滋味，不会有错。只要记住一次就永远无法忘怀。店里，客人旁边坐着穿着和服，模仿战时国防妇人会成员的塑胶模特（当然在客人来之前就在那儿了）。桌上挂着妖异的人偶，一旁有提醒“请不要掀开裙摆”。当然客人肯定会掀开看。于是看到黑色的阴影……墙上贴满了过去所谓“变态”的祈愿牌、漫画和艳情的川柳。进了厕所又会大吃一惊。在此略过细节。

间接性美学

接着聊一下祇园。这次谈一下学问，以及京都的究极的文化。

“二战”前的京都学派（以西田几多郎为中心的一群多彩的哲学家团体）、战后的新京都学派（以桑原武夫为中心的人文科学的共同研究）……京都到处是特立独行的著名教授和有独到创见的学者，他们不论学术圈的内外，像野武士一样在街头巷尾出没。如果在祇园的居酒屋里有一群人大声咯咯笑着，讲着难懂的话，对时间漫不经心，那么可以肯定就是学者。

然而这里有一位哲学家离开了那个群体，在哲学系的讲义室与祇园一隅相连接的地方度过了超然的、几乎没有生活气息的一生。他就是九鬼周造——据说是九鬼水军的后代。作为当时的驻美公使九鬼隆一男爵的四子，他在东京芝区出生、长大。结束了漫长的欧洲留学生涯后，于1929年赴京都帝国大学担任西洋哲学史的教师。1943年沉眠在法然寺的墓地。要谈论人工美学城市京都，就不能不谈及这位哲学家度过的美学生活。

九鬼作为研究“粹”的哲学家而著称。在《“粹”的构造》一书中，他试图从东京的花街文化中探寻日本人美学意识的深度。在那个年代，当许多哲学系学生还在念着“笛康叔”（笛卡儿、康德、叔本华）、“纯粹经验”“场的理论”“绝对矛盾的自我同一”这些概念的时候，显然，一本讨论女子的和服后领口与出浴姿态的哲学书的出现，这件事本身就带有丑闻的性质。

他也以书籍的形式留下了对哲学史研究，以及对偶然性的极度精练的思考，还著有随笔集《偶尔》，其中写到他喜爱的香水和木莲的香气、舞蹈和冷笑话；另外有名为《巴黎心景》的诗歌集，在其中他比韵文诗运动[1]的诗人们更早地做了押韵的实验。如此风雅的哲学家，关于他的传说和逸事数不胜数。

（一种说法是）她母亲原本是祇园里的，后来与冈仓天心陷入热恋，九鬼是她与冈仓的儿子。又有传言说他在巴黎期间曾是萨特的资助人（他向萨特学法语，同时教授对方德国哲学）。在京都帝国大学任教时期，他乘坐出租车由祇园的茶屋前去上课，下午带着艺伎和舞伎在寺町漫步，就算迎面碰上大学的同事，他也视而不见，修长的身躯挺得笔直，眺望远方。还传说他在花街一掷千金，但自己喝的却是红茶，如此等等。

和九鬼一生无缘的是naïve（质朴）。或是“沉溺”于某件事的拙，或是极其自然的、直接的事物。他把“粹”定义为“脱去尘垢的有张力的媚”，而他本人，将依附于不可见事物的洗练感觉、心的张力和轻薄之态集于一身，正是

---

1. Matinee Poetique，始于1942年的文学运动，中心人物为加藤周一、中村真一郎等人。

“粹”的体现。

这种与自然的、直接的事物之间的偏差或者隔阂，也正是京都这一场所的偏好。和服的层叠领口和领口的色彩渐变，扩展到城市，便是套盒般的木构住宅的构造：起居室也被重重区隔，客厅尽头是小小的内部花园。这种内部化的外部空间深受京都人青睐。又譬如，比起直接观看河面，京都人更喜欢映照在纸拉门上的河水的反光；比起寂静，鸣子[1]偶尔的一声击打更让人意识到沉默，等等，诸如此类的间接美学。

反过来，当你把视线投向面孔——我们的第一层表面——的时候，在京都，映入眼帘的是面具般的浓妆（舞伎的妆），或是难以捕捉的双重掩盖、三重掩盖之下的表情。京都人造作的脸，让人想起古时候公家扁平冷淡的面孔。又不是拍三得利的绿茶广告，却说什么“吃碗茶泡饭再走吧”，以及倒放的扫帚。从这些地方，人们感觉到京都人的偏执、心眼多和恶意。然而京都人对别人耍的“小聪明”也是相当敏感的，或许正因如此他们才不得不摆出一副造作脸孔，我从中读出了悲哀。这份悲哀还让人想到塑胶模特的面无表情，据说大部分塑胶模特是在京都制造的。为什么不是人偶，而是塑胶模特呢？其中有京都的又一副面孔。

1. 常见于日式庭园，流水滴入竹管，水满后倾倒，敲打有声。又称“鹿危”，最早的用途是吓阻鸟兽。

人工美学

对人体进行精密测定之后加以复制的技术，始自1925年在京都创立的日本第一家塑胶模特公司——岛津塑胶模特公司，包括今天的七彩或吉忠公司，这项技术为京都所独有。其中包含了制造标本和计量设备的岛津制作所的技术。在塑胶模特制作上，对人体进行精密测定并加以复制的技术是不可缺少的。岛津模特的创立，也是因为有了制造标本和计量设备的岛津制作所的技术。没错，就是因诺贝尔奖而声名大噪的“田中先生”[1]的工作单位。说到人体的精密复制，当然也不能忘了华歌尔[2]所做的人体测量工作。另外，这种测量文化利用复制技术生产人工肢体，其产生背景是更具普遍意义的精密的工匠文化，诸如竹帘、扇子、佛坛、金箔加工、象牙镶嵌、书画装裱、榻榻米工艺、染织工艺，以及佛像修理等；而更进一步的基础则是牵引现代京都的高科技产业、计量设备与精密机械（京瓷、欧姆龙、村田制作所）、电脑游戏开发（任天堂）等精密技术。

1. 田中耕一（1959—），日本化学家、工程师。2002年获诺贝尔化学奖。
2. 女性内衣品牌。

“精密”的特质，出人意料。在京都，人与人交往的复杂规则让初次到访的人感到困惑，从中也能看出精密，而更有趣的是，“精密”会超越通常的概念，不断催生出奇妙的非凡之物。京都有华歌尔，把不存在于这个世界的黄金比例的人体作为范本，用内衣来进行身体改造；也有以解剖学的精度，用人工装置演绎的脱衣舞秀。

当技巧性和虚构性得到提高，可怕的建筑便开始四处拔地而起。朱红色和绿色的巨大神宫。冈崎水渠畔的巨大鸟居和火车站前的巨大烛形塔。北山通和祇园让人想起宇宙基地的银色现代建筑群。高松伸设计的“织阵”反而显得正统。对了，寺院坚决反对高六十米的宾馆改建项目，但其实寺院在山脚下建起碍眼的巨大伽蓝，本身即是一种景观破坏；而市民对人工造景的热爱，可见于刻在山体上的庞大几何图样的火堆：“大”字形、船形和鸟居形等。把自然作为城市的舞台背景，这正是“环境破坏”的鼻祖。任天堂的游戏软件，同样是用视觉画面让人在虚构世界里玩耍。

到了极致便是学问。京都值得自豪的不仅有作为“逻辑的楼阁”的哲学，这里的物理学和生物学都有其独创性，备受重视。尤其是哲学，在“二战”前可谓独霸学界，西田几多郎、田边元、高山岩男等“京都学派”是哲学界的标杆。京都还为关东输送了三木清、下村寅太郎、谷川彻三等杰出人物。京都如此热爱人造美，但不知为何在文学界没什么人物。而京都旁边的大阪则有着昌盛的话语艺术，从近松门左卫门、井原西鹤、织田作之助，到现代的田边圣子、藤本义一、小松左京。也许是因为小说和戏剧作为人工游戏太过真实，一不小心就会与人际关系搅缠在一起吧。

还有皮格马利翁美学

京都的人工美学排斥单纯朴素、乡下趣味，尤其排斥质朴，这样的美学终究体现为皮格马利翁美学。舞伎就是和塑胶模特并列的又一种人体人工化的典型。白刷刷的脸配上金丝锦缎和高木屐，仿佛活的塑胶模特般笨拙地迈着小碎步。我听一位老板娘说，来自五岛[1]的舞伎较多。据说是因为那边的人娇小。如今舞伎后继乏人，因为现在的京都姑娘长得比较高。

也许是受到皮格马利翁美学的影响，各町的地藏菩萨的脸也涂白了。20世纪70年代，舞蹈团体白虎社的演员们也全身涂金，四处巡演，号称是“流动夜总会”。说到人体美学，另一杰作是真言宗东寺旁边的DX东寺：用绚烂的人工装置演绎脱衣舞的技术，在很长时间内都是全国脱衣舞秀的标杆。从前，立春时节街上会出现“老妖婆”（老太太化装成幼女），而在商业区流浪的“河原町的泽田研二”身上汇集了人们扭曲的渴望。这里对“男同”的容许度也相当高。之前提过的“三奇人”在此出没。衣笠的三奇人，古门前的三奇人，莲华谷的三奇人。“怪家伙”“有趣的家伙”，在京都，这是意味着“值

---

1. 九州的五岛列岛，位于日本南部。

得注目”的赞词（之后会讲述我自身的体验，有关京大的最高赞词“有趣”）。

京都人有种奇妙的平衡感，看到了装作没看到。佯装，这种微妙的虚构性，允许任何形态的特立独行。如果把完全脱离原版的古怪的拷贝（准确地说，是拷贝的拷贝）称作“拟态”，那么京都是个拟态丛生的城市。顺便一提，关于“无原版的拷贝”这一观念的重要性，隶属于新京都学派的多田道太郎先于德勒兹和鲍德里亚，于1958年在《有关复制艺术》一文中已做了论述。

比起与人，更愿意与作为拟态的人造人缔结契约的精神。正是这种精神琢磨出了用铁丝、塑料袋和塑料容器制作的塑胶模特，成为一种象征，支撑着20世纪70年代之后的日本“前卫派”时尚设计，冲击着世界。“比起四肢运动本来具有的自然感觉，倒是人工纸品带来的反自然的感觉有着远远不会被形而下的条件所限定的广阔。”（种村季弘《怪物的解剖学》）

大碗面、糊汤面和鲱鱼荞麦面

京都人那么喜爱时令产品和有腔调的玩意儿，所以可想而知，京都人对“清淡”也很讲究。不，应该说是毫无抵抗力。京大曾经有位法语老师声称，边吃阳春乌冬面边读波德莱尔是最棒的。

京都人的最爱除了拉面还有乌冬面，而不是荞麦面；不能是赞岐乌冬面或名古屋的味噌乌冬煨面那样有劲道的面条，而必须是很容易被舌头弄断的软乎乎的乌冬。汤汁不似东京的乌冬面那么浓，浓得好像浸在酱油里，而是能隐约看见碗底的清汤，汤汁要全部啜完不留一滴。如果想吃这样的乌冬面，我推荐街头巷尾到处都有的平民乌冬面馆，譬如名叫“力饼食堂”的那家。店里陈列着萩饼之类的甜食，供应乌冬面和盖浇饭。当然也肯定有中式面条。用淡口酱油的乌冬面搭配砂糖味道的萩饼或馒头。这种店能吃到京都的特色“大碗面”或“鲱鱼荞麦面”。“大碗面”是清淡口的乌冬面，里面有豆皮、面筋、香菇、菠菜。“鲱鱼荞麦面”则是把干鲱鱼煮成甜鲜口味儿，和葱花一起摆在荞麦面和面汤之上。不管是从味道还是品相出发，这时候的荞麦面都得用绿色的“茶荞麦”。

小时候生病时吃到的“糊汤面[1]”最是美味。要补充营养的话就吃“狸猫面[2]”。京都的“狸猫面”是在大阪人发明的狐狸乌冬面的面汤里加上了勾芡。和东京的狸猫面不是一回事。滑溜溜的酱油带着微甜，让孩子的舌头感到愉悦；同时，里面加的不是七味辣椒或花椒，而是碾碎的姜末，有种大人的滋味，吃着让人觉得自己长高了一截。生粉的调和方法很难，家里做不好。“狸猫面”是乌冬面当中最简单却最有料亭风味的。

1. 往面条的汤汁里加上调成糊的葛粉或片栗粉，也就是勾芡，使其带有黏稠的质感。
2. 狸猫面，在关东一带指的是面上加了天妇罗碎屑的荞麦面或乌冬面，在京都则是加切碎的油豆腐。

乌冬面的形态

最让人沮丧的莫过于泡胀了的乌冬面，或是吸饱了面汤的乌冬面。像赞岐乌冬那种有劲道的不错，而如京都乌冬柔软如绢、可以用舌头弄断的也不错。但总之一旦泡胀了或是吸饱了汤汁，就完了。

乌冬面虽然是一种只有面条和面汤的简单食物，但仔细一想，还是有好多讲究。面汤必须澄澈。面条要直，不能弯弯曲曲，不能黏一块儿。

味道和人的过去有深切联系，因此不好对谁喜欢什么口味说三道四。但味道当中肯定还是有某种生活的正道，否则烹饪就不能成为一种文化。而味道的正道和我们的行为举止肯定也有相通之处。此刻我谈论的不是用餐的礼仪，而是乌冬面的形态。

乌冬面漂浮在面汤里，并不像荞麦面那样密集于一处。面条就算彼此重叠，也绝不可以黏附在一起，而是各自在面汤里漂荡。它们被笔直地裁成一样的宽度。就好像衣服上的条纹，就算曲折也总是保持着平行。这番形态，如果吸饱了汤汁，失去了轮廓，或是吸饱了汤汁染上了颜色，就算是完了。

九鬼周造曾就条纹发表过有趣的见解。他说永远不相交的平行纹路表现出被吸引却不会合流的异性之间的紧张，也就是被称作媚态的“粹”；或者说显示着不依附、不执着的心气儿，以及达观的境界。所以，同样是条纹，如旭日般往中央收拢的形态，就显得无趣。乌冬面则不那么在意距离。也不厌倦交缠。只要保持在不丧失自我的限度内。反倒是只吸溜一根面条显得没样子。乌冬面彼此温暖着，要凉就一块儿凉。所以乌冬面有种温煦劲儿。又温暖又滑溜，很容易下咽。

不过，就算彼此挨着，要是连味道也混为一道，就没意思了。关于颜色，九鬼也说过，“浸染却不变色”，才是“粹”。他说必须“在明艳的肯定中藏着黯黑的否定”。乌冬面混在面汤和浇头之间，但仍可作为乌冬面本身让人品尝。就算紧挨着，味道也不能串。乌冬爱好者在这一点上绝不让步。荞麦面爱好者会先不蘸料汁儿，品味荞麦面本身；乌冬爱好者吃乌冬面则总是连汤一起。但就算是一起，仍是各自独立的。对了，有种alone together的性质。

乌冬面的气质充满了都市感。乌冬面在某一点上很像西装——这么讲也许有牵强附会的嫌疑——就是那种作为市民社会的制服而制造出来的暗色西装。领带就好比乌冬面的浇头，可以有缤纷的色彩，可以有讲究，可以有流行，但最后还是回归没有花纹和色彩的白衬衫与西装。

人生的尽头，我希望能吃碗清汤乌冬面再走。对了，在祇园的酒吧待得差不多了，准备离开的时候，可以对老板娘提出要求：“打包一份乌冬面吧。”于是，等面来的这段时间，搞不好会有番深入的交谈。

在祇园一带还有很多口耳相传但是并不起眼的著名小吃。进深只有一米的店铺，摊子摆到四条通的马路边，卖炭火烤的御手洗丸子；南座旁边有鳗鱼盖饭、“权兵卫”乌冬面、“伊姿”青花鱼寿司，不胜枚举。

烫海鳗和青花鱼寿司的悲哀

在京都长大的人没看过海，所以对海满怀憧憬。旁边没有海，所以会憧憬神户或是阪神之间的山脚下的住宅区。如果一个城市看不到山，京都人会感到不安；京都人愿意住在不像京都那么潮湿，满是阳光，能看到海的山丘上。有许多人嘴上说着晚年想搬到阪神之间，不过不知怎的，土生土长的京都人很难离开这里。没有海，京都人便把琵琶湖看作海，在琵琶湖戏水。不过遗憾的是，湖里能钓到的都是些淡水鱼，像鲫鱼、鲤鱼和鲇鱼。京都人把腥气的淡水鱼煮得又甜又咸来糊弄自己，吃得啧啧有味儿，但实际上并不满足。京都人格外热爱香鱼腹部那种怪异的苦味，他们怀着短暂的美食家的心情，啖着香鱼“生”。

过去，从西面的海里捕到的鱼，沿着漫长陆路运到京都还能存活，有这等厚实生命力的只有海鳗。顶多还有埋在锯木屑里的虾。众所周知，过去关东是不吃海鳗的。小刺儿多，是下品中的下品，不是给人吃的，只能弄碎了做鱼糕。主要是那些小刺儿太烦人。但在京都，说到“还活着”的鱼，就只有海鳗。所以为了品尝鲜鱼，就只有拿海鳗对付一下了。京都人由此琢磨出来的就是烫海鳗。留着鱼皮，以毫米为单位细切鱼身。刀法要像格栅那样精密而平行。去骨之后过一下开水，再冰镇。就稍微那么一烫，海鳗肉就像菊花一样打起卷来，这时过冰水让肉收紧，就可以就着梅肉吃了。剩下的鱼皮也切细，和黄瓜拌了，配上芝麻和醋吃。这是了不起的执着。是被逼无奈后有着强烈自尊的民众展现出的智慧。结果呢？如今在东京，烫海鳗也成了一道高级菜。

过去京都的食材就是那么贫瘠。从贫瘠产生了极致精密的技巧。讽刺的是，这份技巧和京都的“炖菜”（煮蔬菜）、泡菜以及小杂鱼干等一起，成了京都菜的品牌特色。这些都是穷人为活下去而产生的智慧。

过去是怎样的呢？人们将从若狭湾捕到的鱼一夜风干后运到京都。不光是若狭比目鱼，青花鱼也是要抹了盐防止腐烂，送到京都人嘴边。连接京都与若狭的街道被称作“青花鱼街道”。经过腌制的鱼再经醋浸，成了京都的青花鱼生鱼片和青花鱼寿司。这些都是从食材的匮乏中产生的食物。但京都人绝不会让你看出一点“匮乏”的窘态。青花鱼寿司的鱼肉切得极厚。店家用肥厚宽大的海带在寿司外一裹，再用竹皮小心包起，才呈递给客人。这么做或许并不为展现精致奢华，但确实生出了优雅风貌。

“伊姿”位于穿过祇园的四条通的拐角。这里的食物仿佛是为了证明，名品恰恰是诞生于贫乏之中。庆典的时候，市民们会相互馈赠伊姿的寿司。青花鱼的银色肌理下，饭粒也泛着银色透明的光泽，鱼肉深深地嵌入米饭里。据说山口瞳[1]曾经为了买这一名点在京都站中途下车。

---

1. 山口瞳（1926—1995年），日本作家。

继续漫步祇园

我们在祇园一带四处徘徊过了，现在回到可称之为祇园主街的花见小路，从这里南下。祇园町南侧从前属于建仁寺，1874年让给祇园甲部茶屋行会约二十三万平方米，从此得以兴建。

左右和前方都是“卍”字形的路。哪条路都有着木构建筑的风情，所以像迷路一样闲逛就好。往东走，会看到祇园甲部歌舞练习场背后的“女红场”、名叫“鸟居本”的料亭，以及从前戏剧界人士扎堆的“山福”居酒屋。接下来，往双手一伸就能堵住的狭窄岔路上继续深入。路边多是原艺伎开的和式客厅型的酒吧。也有许多做熟客生意的店，喝累了可以睡一晚。往西走，小路边有家名叫“King”的澡堂，有某种嗜好的人们常去；有性病医院，还有舞伎们住的茶屋。白天走在花见小路西面的一条窄路上，可以听见从二楼飘下的三弦，有时会传来严厉的斥责声。比起在酒馆里听打磨完成的三弦，我更喜欢练习时的情态。

迷路之后要返回标志性场所，大约在花见小路的中间位置，挂着奇怪的黑板。那是舞伎学校八坂女红场学园的课程表。用白墨写着上课日程，右边是井上八千代老师的舞蹈课，还有长歌课、常磐津课、清元课、地歌课、净琉璃课、舞地课、小歌课、打击乐课、笛子课、茶仪课、花道课、绘画课、书法课……从这里再往南，左手边有祇园甲部歌舞练场和赛马赌券出售点，右手边有建仁寺，走到尽头往左，然后在第一个拐角右转，就到了安金比罗宫的北口。

反过来，如果从花见小路往四条方向朝北，右手边能看到祇园最为标志性的路，通往新桥通。从那跟前一家貌似有英俊陪酒男的俱乐部向左拐，是条餐饮街，这条街通向绳手通。一路晃悠过去，第一个十字路口有家名叫“新桥”的餐厅。东京的一些杂志社经常在这家店的和式大厅召开座谈会，我只参加过一次。从这个十字路口向左，散布着一些老店，如“权兵卫”乌冬面馆，“伊姿”青花鱼寿司，还有用康德哲学的关键词“哥白尼式转向”作为店名的酒吧，很京都（而名叫“康德”的小酒馆则在木屋町三条往南）。

从十字路口往右，潇洒的防犬栅栏一路绵延，来到祇园的点睛之笔——巽桥。这里是祇园摄影的招牌地点，白川在桥下流淌，家鸭和鲤鱼来往不绝。自比叡山而来的河水从银阁寺、南禅寺和知恩寺一侧流过，经此处后汇入鸭川。河岸边挂着茶屋内厅的竹帘，河对岸是白川南通，还残留着已经废弃的市营电车的枕石。围墙环绕的料亭鳞次栉比。赏樱季人满为患。过了巽桥走到底，祇园新桥的桥头，便是辰巳稻荷神社和由茶屋改建的“NEXUS”。这座楼从外面看不过是木结构茶屋，里面则是打通的混凝土空间，楼上原有熊谷登喜夫的精品店。

穿过新门前，到古川町

从辰巳稻荷神社到新桥通的石板路就是新桥通，如今得了个有点儿缺少情调的名号叫“重要传统建筑物群保存地区”。沿街房屋有矮栅栏和直棂窗，二楼垂着竹帘。每一间都呈现出寂静的外表，但里面却是可以享受酒、食物和艺伎表演的奢靡之地。回到辰巳稻荷神社，从“NEXUS”一侧的空地呈直角往北穿出去，来到新门前通。沿街都是古董字画店、日本古玩店、西洋古董店和茶道具店。招牌上竖写着店名的拼音，说是因为从明治时期起就常有外国观光客到来。在新门前桥过白川往东，便是俗称达摩大道的地方。看了几间字画店，又来到东大路。

一到东大路，左边本来有家“一泽帆布”。这是家有名的包店，从做帐篷起家，后来开始用帐篷布制包。将这家店变成全国知名品牌的是创始人的第三个儿子一泽信三郎。因老爷子的遗嘱，兄弟闹上了法庭，“一泽帆布”就此分裂。一直打理店铺生意的三弟被赶了出来，便在隔着东大路的斜对面，以“一泽信三郎帆布”的店名开了一家精致雅洁的店。从老爷子那一代起支撑店铺的工匠们都去了这家新店。我曾在老爷子还健朗时有缘去拜访过。当时听信三郎说：“一泽没有退休之说。工匠中有二十岁的，有八十一岁的。八十一岁的缝纫匠说，我要踩着缝纫机死去。”

有的事只能说是有缘。我之前写过有位陶艺家可能会成为平成三奇人之一。此人在安井神社背后开了家精品店，店名来自性手枪乐队的歌曲*Who Killed Bambi?*。事情发生在该店开业那天。当时我正在一件件地拎起不用线而用拉链接合的衣服欣赏，忽然入口玻璃门上映出一位妙龄女郎的身影。四目相对时，她又飘然不见了。我听见奔跑的声音。几分钟后，那位女子重新出现，旁边紧跟着一个没型（第一眼印象）的大叔，表情有点喜感。他大概也在想怎么回事。女子对大叔说："你在这儿呢。”我当时有种十分不快的感觉（那个男的大概也是），但仔细一看，他和我确实长得相像。后来知道女郎是他（一泽信三郎的）妻子。我激动地说："居然有人跟我长这么像呀。真是吓了一跳。”那之后我就跟信三郎成了朋友。从工匠们的干劲中可以感觉到信三郎的为人。我唯有祈祷这家店的昌盛。

从这里继续北上，左手转角有家古怪的旧货店。旧货从店里漫出来，墙上都用绳子挂满了，仿佛整间房子都是用旧货杂乱组装起来的。这种铺天盖地的架势，其实也能在东大路往东一条路，古川町商店街的杂货店看到——不，是过去能看到（我最近路过时发现那间店没了）——就像收破烂的店里的小山塌下来似的，洗涤剂、厕纸、蚊香和榻榻米靠背椅漫到了路上。从前，离我家不远，有家住户收集了各种旧货，堆积成山，只剩下仅能过人的缝隙。后来那家的主人不知怎的蜗居在家不肯出门，亲戚叫来警察把他强制弄走。旧货店的模样让我忽然想起了这件事。

这条古川町的南端连着知恩院水渠上的行者桥。桥下常有野鸭，岸边的柳树也漂亮，是一处有情调的场所，所以谁都想象不到北面的商店街会有这般杂乱的店铺。这条商店街延伸到三条，街上应有尽有，鱼店、鱼糕铺、蔬菜店、韩国泡菜店、寿司店、家居杂货店和花店等，套着围裙忙于打扫的女子不知怎的格外醒目，而且奇怪的是，大多是美女。我倒不是想说这条街的美女铺天盖地，不过奇人众多的城市，事物也呈现诡谲的风貌。两条纵向并行的马路，同样杂物弥漫的风景，令人不禁陷入思考……

三条

京都和纽约相似。我指的是路名。说起京都便是三条，纽约则是第五大道——京都的西阵也有五番町[1]，不过是地区名称，而非街道名称。用数字表记街道，仔细一想是缺乏情趣的。京都的孩子用歌谣记街道名。“丸竹夷二押御池，姐三条六角蛸锦，四绫佛高松万五……”从北面起依次是丸太町、竹屋町、夷川、二条、押小路、御池、姐小路、三条、六角、蛸药师、锦小路、四条、绫小路、佛光寺、高辻、松原、万寿寺和五条。穿过町的马路也有歌：“姐三条六角蛸锦，祇园号子空空响。”

从东大路再往北便与三条通汇合。三条，众所周知是“东海道五十三次”[2]的终点。稍微往西走走，左手边出现一栋巨大的木建筑。说到京都料理，必须提到醋，那栋房子就是老字号“千鸟醋”所在。最近外部翻修过，变了样，过去那房子本身就散发着醋味儿。再往西七八十米，便遇到写着“伏见”的红灯笼。那是来京都修学旅行的学生们必住的旅馆，也是令本书编辑在京都最为兴奋的居酒屋。一进店里，

1. 纽约的第五大道在日语中即“五番街”，故作者提到西阵的五番町。
2. 指东海道上的53处客栈。

贴在墙上的纸便映入眼帘。

“请勿高声喧哗。用餐请在一小时内。（店主）”

在过去，囊中羞涩的人士钻进先斗町或木屋町的酒馆之前，会先来这里填饱肚子。现在也同样如此吧。光是吃有点儿寂寥，也想喝点酒；而一会儿要去的酒馆没法花太多钱在食物上，所以先在这里垫垫。同时也是为了一会儿在下一家店说“我已经喝过一杯了”。我上回去的时候，满满的一碗蔬菜天妇罗好像是两百八十日元。生鱼片的量和厚度都不一般。从前鲣鱼头（这个“头”不读作oatama，而是读作okashira[1]）卖一百八十日元的时候，老板娘劝我：“来点这个吧。”我回答“不用了，已经饱饱的了。”她当即甩出一句：“小气！”这位管店的“大婶”脾气还挺冲的。1952年开的店，听常客们说，老板娘就是创店老爷子的女儿。专供外带的包着竹皮的青花鱼寿司（这个也便宜极了）很快就会售罄，所以顾客们在太阳还没下山的时候就涌来了。

学生时代，就连这种店对我来说也是奢侈的，所以我常泡在沿着河岸往北走两百来米处一家叫赤垣屋的酒馆。如今赤垣屋也成了老店。我现在有时候也会去，还曾偶遇大学时代的相识，那家伙故意调侃我：“你这家伙还活着啊。”

1. 头，读作oatama时表示脑袋，读作okashira时一般表示首脑、老大。

京都的“口”

京都有许多“口”。京都的入口地名皆用“口”来表示。京都的主出入口，从江户千里迢迢经东海往北上，由三条街道入京，那个入口叫作“粟田口”。“口”即关，古代是收过关钱的地方。室町时期，京都设有“七口”，对进京的人收取通关钱。某本书里写着，这个点子是八代将军足利义政的妻子日野富子想出来的。即便到了今日，每逢财政紧张，京都市的审议会就会提出这个方案。他们的理由是，既然把京都称作“日本的原乡”，那么为了维持京都的景观，就该让来访的人负担相应的费用。维存原有的风貌也需要花费。特别是遗产税的压力太大，一换代，老房子就没人要了。留下来的只有与城市景观不相宜的公寓或是独栋商品房。所以不要简单地谈什么保全景观。此外还有一个理由：让人在“洛外”下车，付关费后进入“洛中”，从而缓解目前十分严重的拥堵状况。就算不堵车，京都也常有交通管制，原因有观光、国际会议、皇室返乡、海外要人来访等，等个十几、二十分钟红灯是常有的事。

随着时代的变迁，七口的数法也有所变化，常被提到的是粟田口、荒神口、大原口、鞍马口、七条口、东寺口和五条口。

这些进入京都的“口”中，粟田口连接东海道，荒神口连接北国街道，大原口连接途中越，鞍马口连接鞍马街道，七条口连接丹波街道，东寺口连接西国街道和鸟羽街道，五条口连接伏见街道。

人们常以身体来隐喻城市。城市的脑，城市的脏腑，城市的下半身，等等。京都的出入口以入口来表示，从未以出口来表示。罗生门也是入口门，而不是像肛门一样的出口门。

多亏了分手费——冈崎

从东大路通三条往北一条路，便是仁王门通。往左手边看去，只见寺院沿路东西排开，这在京都是少有的。据说是应仁之乱中烧毁的寺町的寺庙整体迁移到了这里，所以成了一处横向的寺町。往右手边走，路忽然变宽，来到琵琶湖的水渠畔。南面是建于大正年间、收藏中国历代艺术品的有邻馆和能乐中心——观世会馆；北面是国立京都近代美术馆；再往前，水渠沿岸依次有京都市美术馆和京都动物园；稍微转个弯，可走到南禅寺和蹴上斜坡铁轨[1]。

庆流桥位于国立京都近代美术馆（近美）和京都市美术馆（京美）之间，高高耸立在桥畔的是平安神宫的大鸟居。鲜艳的红色鸟居建于1929年。穿过鸟居，左手边是京都府立图书馆、京都劝业会馆、日本第一座清水混凝土建筑——京都会馆；右手边是宽阔的冈崎球场，位于被称作冈崎的京都文化区域的中心。而尽头则是众所周知的祭奉桓武天皇的平安神宫。但大多数人都不知道，神宫建于1895年。

平安神宫是在“京都奠都一千一百年纪念祭”的时候建

1. 这是全世界最长的斜坡铁轨遗迹，全长582米，位于南禅寺附近。

造的摩登的纪念建筑。设计者是东大第一代建筑学教授伊东忠太。就是那个以设计东京的孔子堂和筑地本愿寺而著称的伊东。1870年，政府颁给京都十万日元的“产业基金”，作为迁都东京的补偿。说起来，这等于是给照顾过自己的前妻的分手费，好聚好散。靠这笔分手费，京都搞了琵琶湖水利工程（1885年），铺设了京都市营电车，并在冈崎举办了大型的内国劝业博览会。到了1994年，庆祝建都一千二百年的时候，京都人的代表逼迫政府，他们说，如果京都真是“日本的原乡”，那你们得给点礼金。然而政府冷淡回应：“分手费已经给过了。”一时间谣传扩散，有人说这等于承认了迁都东京时的基金是分手费，也有人说不是。

平安神宫的东邻是关西美术院，安井曾太郎、梅原龙三郎、津田清枫、黑田重太郎、须田国太郎等人曾在此学习；西邻则是京都市立艺术大学的音乐学院，学院对面还有现代美术的画廊。这一带真是充满“文化”。文化需要赞助人，“分手费”的问题让人不得不意识到这一点。如今靠的是企业文化基金或是艺术NPO。无疑，文化行政已经无力支付“分手费”。日本的文化预算之贫乏，让人不敢将其与欧洲的文化行政做比较，后者的文化预算最少也有日本的十倍，美术馆在周末还为市民免费开放。而这份贫乏将京都文化逼上末路。文化的晚期症状会更加严峻地袭向京都这样超越成熟、开始干枯的城市。

有巨大孔隙的时代

说到水渠和平安神宫，我有一段回忆。

小时候，从我家所在的学区走远一点，有两个玩耍的地方。一处是冈崎动物园旁边的水渠。我在这里钓鲤鱼和鲫鱼。还有一处是东本愿寺和西本愿寺之间的儿童公园。儿童公园旁边有净土真宗的传道院，原来是真宗信徒寿险公司。在那栋砖结构的房子周围有许多妖怪般的小动物石像，如长翅膀的大象、抱着鸟的高丽犬等，就像守护神似的。我们骑上那些动物石像玩耍。我现在仍清晰地记得水渠的水味儿和跨上石像时的石头的触感。

查阅明治时代京都建筑方面的资料，关于这两处的记载让我吃了一惊。负责这两处工程的两位工程师从东京来到京都时，都是三十岁不到的青年。关于琵琶湖水渠，我在小学也学到过，所以知道指挥工程的是年轻的工程师，但没想到年仅二十三岁。

1885年，琵琶湖水渠的工程开始了。当时的京都府知事提出一个超乎常理的计划：将北垣国道的琵琶湖与京都用运河连接。而这项计划的设计、施工的总负责人，便是当时刚从东京工部大学（现在的东京大学工学部）毕业的田边朔郎。他那时二十三岁。方案论证的时候，朔郎还在念大学。那是个艰难的工程。此外，工程将带来加税，更遭遇了当地民众的强烈反对。朔郎本人在三十年后回忆，当时甚至还有人说，“让湖水流进鸭川，会玷污京都的美人”。但这一工程终究实现，五年后通水。这里还建了世界第二的水力发电所，这样一来不仅把琵琶湖的水变成饮用水，还用于发电。这项工程带动了西阵织等传统产业的现代化进程，也促成了日本第一条路面电车（孩子们称作“庆庆电车”）轨道的铺设。

建造传道院的则是伊东忠太。事实上在建造传道院的将近二十年前，忠太就以担任了平安神宫的建筑工程师。那是1893年，忠太从东京帝国大学工科大学毕业的第二年，年方二五弱冠。平安神宫工程是他和佐佐木岩次郎共同主持的。

一位二十三岁的年轻人被委以总预算125万日元的大工程，超出当时全国的土木费总额，放现在据说相当于9千亿日元；另一位二十五岁的年轻人被委以京都象征之一的平安奠都纪念殿的大项目。这种做法让人震惊。

我感到，幕末·维新时期自不待言，明治时期同样是一个社会充满了孔隙的时代。透过社会的孔隙，年轻人有许多机会被选拔上大事业。如果是现在，恐怕马上会听到反对的大合唱，“风险太高”，等等。

社会系统健全之后，孔隙便消失了。单个组织内部的网络变得紧密，但网络与网络之间的交通变得艰难。果断地把一切都托付给自己看中的人，这种决定越来越难做。

譬如，进了一家公司后，对业界情况逐渐熟悉，却对业界以外发生的事变得迟钝。我曾听过负责大型城市规划的建筑公司人士间的谈话，他们谈论的尽是手续和区划，其视野的狭窄令我愕然。

而对刚才提到的两位来说，国与国之间的分界不是障碍。田边在工程过程中听说美国开发了水力发电，立即前往美国视察，将所学经验用于水渠的建设。伊东为了探寻日本建筑的源头，毅然实施了三年的欧亚调查之旅。他兜了一圈中国、印度、希腊、埃及、叙利亚和土耳其，然后出于照顾派他出游的文部省的情面，稍微走了下欧美。他的格局比当时只关注欧美的知识分子们要大。他从远处重新眺望日本，视点放到无限远。这种“离心式”思考，正是如今的我们所欠缺的。

我们已经有身在此处却可以和远方的任何人相连的信息媒介，但世界真的因此而变得广阔了吗？孩子也能用手机和互联网了，然而讽刺的是，交流变得越来越内向，圈子越来越窄。信息交流的对象是局限的，人们几乎是强迫性地和交流的对象反复交换信息。我们拥有了本该能打开世界的媒介，世界却变得越来越小，越来越封闭……

既然如此，扔下手机去陌生的地方，世界才广阔。向陌生人问路，问问有没有能吃到当地食物的餐馆，吃完之后听店里的人说许多事，这样做，世界才能豁然开朗。让社会产生巨大孔隙的作业，该从哪里着手呢？

宠爱学生的街区——从东一条到百万遍

丸太町通至今仍有一些旧书店，走过街角郁郁葱葱的熊野神社和“八桥”京都名点店，左边能看到京都大学医学部附属医院，再走一会儿便可至京大正门和吉田神社所在的参拜路东一条，以及京大北门和知恩寺所在的百万遍。知恩寺最近因其地界内的大型旧书市而著称。

在百万遍跟前，东一条的角落有家名叫“春琴堂”的书店，如今已重新装修过。我还在念大学的时候，这家店同时也兼营香烟，有位老婆婆终日坐在其中。让人吃惊的是，这位老婆婆曾是住在京都的谷崎润一郎家里的帮佣。不知这家店是不是谷崎给她的，不过据说取名为“春琴堂”正是模仿谷崎。

东一条一带是拥有悠久历史的国际文化交流的区域。首先，日法会馆、日德文化研究所（过去的歌德学院）、日意会馆在这里比邻。往西南方向，川端通有东南亚研究中心，往东北方向，北白川有东方学的“麦加”——人文科学研究所。日法会馆是过去克洛岱尔曾担任馆长的文化交流机构。除了日德文化研究所，另外几家都有餐厅，让人见识到阿尔卑斯南北的文化差异。尤其是日法会馆的一楼尽头有家名叫“Fujita”的雅致的法国餐厅，名字来自藤田嗣治[1]，还装饰了藤田的大幅画作，对学生来说门槛可能有点儿高。日法会馆也是憧憬法国文化的京都女大学生的聚集地，有好多年轻女孩在回家前来这里吃块蛋糕。京大就连文学部也只有十分之一是女生。京大男生压根就不爱好法语，却总会在西部礼堂的京都生活协同公社吃了一顿便宜饭后，一边装模作样地欣赏日法会馆上映的著名电影的海报，一边若无其事地打量女大学生。可是女生回家的时候总会有私立大学的男友开着车来接，于是京大男生的绝望更深了一层。

京大校园里在全国最有知名度的场所，过去是钟塔，战后不久是人文科学研究所，20世纪六七十年代则是西部礼堂。西部礼堂也是当时全国“地下艺术”的大本营，是前卫话剧、黑暗舞蹈和重金属摇滚的殿堂。唐十郎的帐篷话剧、贝克特或尤涅斯库的话剧、黑暗舞蹈、独立电影，我都是在这儿第一次看到。而把礼堂的椅子全部撤掉改成大厅，在这里开摇滚音乐会的先驱，正是我们的乐队。演到一半，结束了长期劳资纠纷的学友会（当时该会在新左翼党派中占领导优势）成员和当时的学生会会长（后来的京大校长）不知在想些什么，竟然上了舞台，自说自话地开始群魔乱舞。西部礼堂的大屋顶至今仍涂着白色和蓝色的油漆。那是京大的解放区，大学方面不能

1. 藤田嗣治（1886—1968年），日本画家、雕刻家，因其在法国的生活经历，至今仍是法国最著名的日本画家。

轻易干涉。

从西部礼堂北面，拐进一条宛如私家步道的窄路，有家名叫“圆居”的餐厅。餐厅位于百万遍后面，学生时代因为价格贵（是对学生而言，其实不贵）没敢去。进了研究生院之后，有贵宾来时偶尔一起去蹭顿饭。这家“圆居”后来又在东大的本乡会馆开了店。重新装修过的京大钟塔一楼的法国餐厅也由他们经营。我在这几家都吃过正餐，但还数老祖宗“圆居”的午间套餐最棒。味觉真是顽固又保守的。

这一带也有老字号糕点铺，但主要的还是和学生紧密相关的店铺，如学生食堂、咖啡馆、乌冬面馆、中餐馆、旧书店、文具店、小钢珠店等。而在大学的正中央，也就是大学正门和原教养部[1]（曾是三高，即第三高中的所在地）之间，有条属于校外的马路。那是吉田神社的参拜路。每到春分秋分，这条街上满是夜摊。1969年“全共斗”进行街垒罢学运动的时候，只在街垒前面留出了一点点缝隙，那缝隙被夜摊和人群挤满。“全共斗”在百万遍的马路上扔燃烧瓶与机动部队对峙的时候，碰巧被扔到的店家并没有责怪他们，“因为是学生嘛”。就是这里，一个对学生无比宽容的街区。

1. 大学一、二年级共通的基础学科。

与视而不见相反——绕道前往出町

无论在百万遍哪里，学生们都能得到关照。还有一个公认的关照学生的地方，就是从百万遍往西，过了鸭川后的出町。出町西面有同志社大学，南面有（过去曾是立命馆大学本部的广小路校舍和）京都府立医科大学，而东面就是京都大学。这四所大学的学生在此备受呵护。寄宿，三餐，典当。

20世纪60年代“反战”游行的时候，学生们事先商量好时间，先是东面的京大和西面的同志社的队伍在出町的十字路口会合，手牵手占满马路，沿着河原町通南下。接着，早已占据广小路交叉口的“小立”（立命馆）和府立医科大学的队伍欢呼着迎接前来的队伍。四支队伍继续沿河原町南下，在四条左转，被“官宪”们夹在中间，依然大义凛然地游行到祇园。然后，队伍一头冲向尽头的八坂神社，与机动队阻拦的棍棒绞缠、斗争，队伍盘成一团，最后散开。有人跑到恋人的出租屋里，也有人回宿舍学习。有人怀着学生的乐天劲儿回到寺町的酒馆，也有捣蛋鬼跑去嘲弄鸭川边的情侣。“斗争”的诸多形态终将展开，而“斗争”出发点就是出町的这个十字路口。

在出町，学生们首先受到“善书堂”书店的关照。这是家书的当铺。“善书堂”不拒绝学术类的书，所以愁钱的大学生们经常去。学生们还常去一家叫“二叶饼”的店，买加了黑豆的著名糕团。这家的糕团如今相当有名，总是排着长队。

这一带从前有家小而富有奇趣的中餐馆。如今老板应该也有一把年纪了，大概已经歇业了。当年这家店允许囊中羞涩的大学生随便吃，不过吃完之后会让人洗半小时（好像）的碗。有很多立命馆、同志社、京大、府立医大的学生靠这家店得以维生。那个时代，人们依然认为“大学生边工作边学习，很辛苦”。

不久前，我听到一桩与此类似的佳话。故事发生在大阪。有家小型股份有限公司，从事画廊经营和艺术策划等业务。该公司的营业项目中，第一条居然是企业和政府的清扫业务。从该公司的经营者口中道出的事实让人意外。原来，他们向那些没有资金独力展示作品的成长中的艺术家们免费提供画廊的空间，而作为交换，让年轻人帮忙做一段时间的企业的清扫业务。

这事也说不清到底是谁帮谁。没有金钱的交涉，所以不是打工；并非无偿，所以也不是志愿者。做想做的事，为此付出劳动，两者并没有被合理化为目的和手段的关系，却有所联系。

这就好像是无声的教导：做自己想做的事，不要想着一本万利，而是要自己动手、辛勤劳作；又像是默默的鼓励：不知道你想做什么，总之我对你有所期待——有那么点期待，但又不是相当期待，末了或许也就嘟囔一句：你要是不行也就罢了，我自己的人生也没什么了不起。

回想这间中餐馆颇有气度的考量，对比当下，如今的社会所欠缺的，正是这种人与人之间的适度的距离感。缺了这样一种人的存在：不是看到了装作没看见，而是反过来，装作没看见，其实是在看着。“看”不是监视，而是期待，是为期待而做出的小小支持的累加。大学毕业后离开这个街区的年轻人，就业、成家之后，一定会在蜜月时（不知道如今的年轻人是否还度蜜月）带着另一半首先来到这家中餐馆吧。

一句“有趣”

关于京大的回忆基本都在大学周边。我写本书的原则是一概不涉及宗庙、“京料理”和大学，但是关于大学，我想只写一句。通过这一句，我想就能传达我入学那会儿，也就是昭和四十年代（1965—1974年）这所大学的风气。

我进入文学部的时候，桑原武夫、贝塚茂树、吉川幸次郎等大师刚好离开京大。他们的名字我在高中时代就从书中接触到了。得知这一消息，我有点措手不及，代替这些大师们的，是一进校便受到“斗争”的野蛮洗礼。教养部时期，特别是大学第二年几乎没有课，我们班在“斗争”走向收梢的时候，毅然把罢课进行到了最后。结果我和同学一起“学习”主要是在街垒之中，或者在百万遍的咖啡馆和朋友的寄宿舍里。

我毫无意愿在哲学系深造，但我却在那时的“读书会”读完了全部的《资本论》，后来进入文学系和研究生院之后，我在读书会读了康德的《纯粹理性批判》和《实践理性批判》（这些读的译本）、洛克的《人类理解论》、莱布尼茨的《人类理智新论》和黑格尔的《逻辑学》（这些读的原文）。参加这一读书会的还有法学系和工学系的学生。我也认真地做了笔记。我的朋友N君，如今在长野担任哲学老师，当时说要通过阅读学德语，于是便把黑格尔《逻辑学》的原文密密麻麻地抄在几十本笔记上。

在那求学时代，有句话经过一些熟人口耳相传，又悄然到我的耳朵里。那就是桑原武夫先生的一句话：“有趣。”据说这是桑原先生最高的赞扬之词。不是“聪明”，也不是“能干”，而是“有趣”。不知此说法的真伪，但是，这句话让我感到，高中时便憧憬京都学风的自己的直觉果然是对的。

“有趣”，是当发现流传至今的通行说法及其所依附的基础有所动摇，出现了即将倾覆的征兆时发出的感叹。“聪明”和“能干”只不过是在如今通行的标准内给定的评价。我感到京都大学是这样一个地方：如果有谁大放厥词，大学并不将其放逐或是驯服，而是任其自然发展。后来与理学系和农学系出身的研究者们做共同研究，我也能感觉到他们也是在京大的“有趣”中培养和锻炼出来的，尽管我与他们在学生时代并无交集，仍感到有种奇妙的联系。

事实上，我在文学系一次也没被表扬过“有趣”。不，准确地说，好像沾过那么一点边。但在我确认那表扬的内容究竟是不是“有趣”之前，那位老师就去世了。那位老师让我在课文的读解上得到了彻底的锻炼，他的“方法”应该是和“有趣”并列的又一个京都的学风。所以我现在仍在大学的课堂上继承这一“方法”，虽然我心里没底，自己究竟继承到怎样的水平。

说到课文的读解，有桩难忘的回忆。本科时期学拉丁语，每周有四小时的课，由来自大谷大学的非正式讲师水野有庸先生严格教授。我在之后的哲学研究中没怎么用拉丁语，丢光了。不过在我二十多岁的时候，对现象学的创始人胡塞尔的《交互主观性》相关的手稿进行分析、研究，发现胡塞尔直到20世纪20年代的某个时间点为止，一直将primordial这个术语表记为primordinal[1]。我打算把这个小小的发现作为论文的脚注写下来——顺便说一句，德国现象学界彗星克劳斯·赫尔德对此的相同看法当时尚未公布——我想确认primordial才是正确的用法，于是就贸然地给水野老师写信询问。老师严厉地斥责道，太差劲了，居然提出这么低级的问题。然而他还是用小而热切的字写了十几张便笺，告诉我primordinal这一表记是错误的根据。这都是为一个到最后还是没学成拉丁文的拙劣学生。

后来，我写了几篇“有关某某的某某问题”风格的哲学论文，拿到了私立大学哲学系的教职。随后我发现，自己正在把对“有趣”的追求集中到学会的事情上。大概是出于逆反心理，我故意把自己的研究主题转到了哲学研究者们从不理会的事物上。从如今非常普遍的主题“身体”“他者”，到“模式”“面孔”“皮肤”“所有”“倾听”“老”“关怀”，乃至现在的哲学家们敬而远之的“国家”。这些论文在学会被给

---

1. 本原的，最初的。Primordial是法语，而primordinal则是拉丁语。

予了温暖的沉默和无视，倒是哲学之“外”的人们稍微表示了“有趣”。唯一的例外，是在德国教过我两年的现象学学者B.瓦尔登菲尔茨博士。他两次来日本，每次听我用德语不完整地做出阐释，便眨眨眼，表示我想做的事情“有趣”。

或许是在不觉间沾染了这种习性，关东的研究者如果在学会遭遇讪笑和哗然，就会觉得自己被当成了傻瓜，觉得没被接受，因此沮丧；而京都或者说关西的研究者则会因为会场的冷寂无声而沮丧。要看自己有没有被接受，就看能否引发笑声或哗然，如果一次都没有，则会垂头丧气，“完蛋了……”被人说“聪明”，那是反讽；“有趣”才是最高褒奖。

咖啡馆——让人得以孤独的地方

离开百万遍之前再提一点。说到百万遍，过去是和木屋町一带齐名的咖啡馆王国。有好多咖啡馆我在学生时代常去，“进进堂”“学士堂”“l'Ambre”“Espoir”[1]，还有“柳月堂”（这家在“叡电”的起点站出町柳旁边）。我对每家店做了用途上的区分，或是读书会，或是“斗争”伙伴的聚会，或是听音乐，或是稍微独处。如果真的想独处，我会去市中心，缩在古典音乐咖啡馆或是爵士咖啡馆。

寺庙与神社，祇园与先斗町，中京的町家与锦市场，西阵的机屋与和式点心店，大学与高科技产业，祇园祭与大文字送火。代表京都的风物真是数不胜数，这当中无论如何还得加上一项，就是咖啡馆文化。

我曾和诗人佐佐木干郎彻夜喝酒聊天，谈论他大学时代的京都。我们谈到，象征京都的不是祇园，不是先斗町酒馆的内厅，而是咖啡馆。然后我们在微醉中得出结论，一直以来支撑近代都市京都的，不是表里茶道，而是咖啡馆这一空间。咖啡馆是聚集了无名者的混沌场所，人们因此才得以作为“个体”藏身其间。

---

1. 法语，l'Ambre意为“琥珀”，espoir意为“希望”。

在这种空间里待上好几个小时，完全不与人交流。除了之前列举的“进进堂”“l’Ambre”“柳月堂”之外，还有木屋町的“Luce”[1]“缪斯”，高濑川沿岸的“弗朗索瓦”，河原町的“筑地”“六曜社”，荒神口的“Champs Claire”[2]……肯定好多次，我和佐佐木在这些咖啡馆度过了共同的时间，但我们彼此无从知道。因为那是为了独处而去的地方。

这些京都的知名老店，最后一家在大概十年前关门。“Champs Claire”（也有人读作“左思右想”[3]）的一楼是古典音乐咖啡馆，二楼是爵士乐咖啡馆。尤其二楼，在20世纪60年代，是有志于诗歌创作的同志社和立命馆学生的聚集地。说是聚集地，也并非“群聚”成小圈子，存在于那里的是作为“个体”的时间：素不相识的年轻人在那里，背对着背，长时间沉浸于书籍或是音乐。这些咖啡馆是人们特意选来独处的，说它们是上个时代学生们学习“自立”的场所，或许有些夸张，但它们确实是学生们独自沉浸于思索的地方。这家“左思右想”，气氛太阴沉，有时让我憋闷。于是我把“Champs Claire”直译了一下，合着当时NHK的清晨节目，叫它“明亮的农村”。

---

1. 意大利语，意为“光”。
2. 法语，意为“明亮的田野”。
3. “champs claire”与“思案に暮れる”这句日语发音相似，这句日语意为左思右想，不知如何是好，摇摆不定。

按音乐的类别将这些咖啡馆归类，古典音乐咖啡馆有百万遍的“l’Ambre”、出町柳的“柳月堂”、河原町的“Luce”、四条木屋町的“弗朗索瓦”；爵士乐咖啡馆有河原町蛸药师的“蝶类图鉴”、河原町三条的“ZABO”、四条的“窨井盖”。而不放音乐的店则有京大北面“二战”前开的“进进堂”（这家店和“弗朗索瓦”一样，与“二战”前的反政府运动关系颇深）。光是我常去的就有这么多。我还经常和朋友在咖啡馆办读书会，那种感觉就像放学后的课堂。

周边的居民在咖啡馆或许能稍微喘口气。俗话说京都是个“穷讲究穿”的地方，但也有人说，其实这里是个“穷讲究客气”的地方。也许对京都人来说，离开家人、公婆，有个地方独自待着歇歇，是必须的。

咖啡馆在消失……

最近，京都的咖啡馆也都变得相似，变成了碰头、吃便餐的地方。或许因为如今自己在家也能做好喝的咖啡，家里冷暖空调和音响都完善，不再有必要特意去咖啡馆了。咖啡馆也失去了个性，让人遗憾。和巴黎的相比，这里的咖啡馆气氛或许略有些阴暗，然而在城市近代化的过程中，咖啡馆是人生的休憩之所，同时也是“教养”之地。这是京都孕育出的咖啡文化。这里也有京都不为人所知的一张面孔。

如今已经基本没有那样的微暗之所，可使人得以保持孤独。没有这样的咖啡馆了。大概就连电影院也不再是人们得以保持孤独的场所，已经基本看不到有谁会坐在最前排，仿佛要融入屏幕里，也没有人会抢着坐在某一排的最边上了。人们总是“群集着”。在涩谷的中央街，在大阪的鳗谷或美国村，在宗右卫门町，所谓“交流共同体”的梦想熙熙攘攘。没有人想自己一个人待着。层层嵌套的“人圈”。都市变成了禁止孤独的地方，在其中，人们即便能够匿名，也无法孤独。

群众（multitude）和孤独（solitude）。能将这两者同等置换的是诗人。波德莱尔曾这样写过：

> 不懂得把自己的孤独跟群众结合的人，也不会懂得

在忙碌的群众之中保持自己的孤独。……诗人可以随心所欲，附在任何人的身上。只有对于他，到处都是虚席以待的。……容易跟群众结合的人才懂得狂热的欢乐，这对于那种把自己关在箱子里的自我主义者和那种像软体动物一样把自己紧闭起来的懒汉是永远不可得知的。

——《巴黎的忧郁》[1]

无名所带来的恍惚。原来如此，群众担心丧失与他人之间的联系会导致丧失自我，但诗人正是为了不再做自己而寻求孤独。咖啡馆消失了，那么诗人也消失了？

1. 原书采用了阿部良雄的译文，这里用的是钱春绮的译文。

伊甸之东

长长的东大路也终于到了最后阶段。过了百万遍，不久便和叡电（叡山电车）交叉。这条电车线路由京福电铁经营，从出町柳出发，过东大路，朝着一乘寺、修学院、岩仓行进，然后一直通向北山深处，直到贵船和鞍马。这是一条没有快车的慢悠悠的路线。田中大久保町一带，一直到过了叡电与马路的交叉口，从前是大学生宿舍的集中区域，被学生们称作“伊甸之东”。更早之前，这一带有许多京都帝国大学教授的家，如西田几多郎和波多野精一。据说曾有一位声称讨厌德国哲学的京大梵文教授对刚搬到京都的九鬼周造说“那地方沉淀着有机物”，因此最好别住在那边。

东大路往北走，来到高野。再往东，走到和白川通交界的地方，是一乘寺的拉面老字号“天下一品”的总店，这家店以令人叫绝的超浓厚汤头著称。北面还有“京一会馆”，里头的日活成人电影女演员们的舞台见面会非常有名。成人电影和ATG前卫电影在这里联袂上映。这里远离学生街，但学生们同样能在这里在食与性两方面获得热情关照。京都造型艺术大学的未来的艺术家们如今相当活跃，他们肯定也在这里多蒙关照。

大学生们在京都受到这么多关照，毕业后散落各地，成家立业。当他们新婚旅行时，不去海外而是回到这里，说起来也是理所当然的。

往西

下鸭——这里也有奇人的传说

公交车左转，沿着北大路通往西。北大路在我们206路环状公交线路的北边。西面的尽头是西大路的“左大文字”（山脚下有金阁寺，在三岛由纪夫的《金阁寺》中，火烧金阁寺的年轻僧人便是从左大文字山上眺望燃烧的金阁寺），东面是东山脚下和白川通相连的大路。不过，北大路的干线部分是在大正到昭和时期建造的，之前只有田野和小村落，没有笔直的道路。

公交先穿过从出町分成“Y”字形的高野川，然后横跨下鸭本通，接着穿过另一边的贺茂川。鸭川在出町分流出高野川，而到了北面名称又变为贺茂川，这不免让人感到风雅略减。但考虑到河流挨着和吉田兼好有渊源的贺茂别雷神社的参拜路，贺茂川散发的那股子名门正宗的气息就比挂着小灯笼的鸭川略胜一筹了。

在贺茂川与高野川之间，从南北两侧夹着北大路的下鸭地区和松之崎地区，有许多学者和画家的居所。学者和画家中不少人与金钱无缘，但无论如何都需要较大的空间作为书房或画室，“二战”后他们在这片土地盖了房子。因为此地富有文化气息，富裕阶层陆续在这里新建主宅或是别院。如今，这里成了数一数二的高级住宅区。越过围墙看去，大多是京都风格的木构住宅，糅合了石头或灰浆盖的西式建构。有的住宅是木头围墙，有的则是石头围墙，总之都是门禁森严。

在下鸭芝本町一带，也有过一位奇人，自“二战”后至今，在京都无人能及。他自称Resting Holy，也许我们可以叫他“圣奇人”。这就是里千家茶道教授堀宗凡。据说他每天有一套固定的模式，早上做完点茶的练习之后，他便换上“正装”——西班牙帽、纺绸和服、白色和服袜、木屐、耳环，右手执手杖，来到寺町的画廊，逛了一圈后，到四条稍事休息，抽上一根。大概没有哪个京都人没见过他这副妖娆身姿。念高中的时候，每到黄昏我就会在四条河原町一带的繁华街闲逛，经常瞧见他坐在名叫“奥姆社”的书店门口的护栏上，跷着二郎腿，用长长的手指夹着烟。他有时穿摇曳的长裙。他是个非常适合宽檐帽和长裙的大个子，这点我印象最深。他实在过于醒目，洋溢着一股气场，乳臭未干的小年轻若碰到就会灼伤。当时的我憧憬着也能像他那样优雅地吸烟。

据说堀宗凡在1914年降生于新京极六角的日本料理店“福屋”，是家里的三男。我念高中的时候，他应该已经年近六十。他从商业高中毕业后进入茶道界。他亲自栽培茶席用的花卉，为茶事的主办人提供定制的鲜花，成为“茶道花”的创始人，从而声名鹊起。但比起“名人”，他自己更想成为“达人”，于是在下鸭开了家“玄路庵”。他的点茶仪式有时以《万福玛利亚》[1]作背景音乐，有时则是电子乐的赞美诗或是摇滚乐，让人大吃一惊，但听说他的点茶本身是极其古典和淡然的。我最近有机会在照片上看过堀先生的一些花作，一朵花似可使时空凝聚，那份紧张感妙不可言。真想看看他和被逐出池坊派的花道家中川幸夫对决啊，我至今仍想。

“玄路庵”里还开了家“吃茶去”，当时去这家“茶馆”的松冈正刚[2]写道：“看到六十四岁的茶道师身着女装出现，软软地招呼‘欢迎光临’，难怪我会狼狈地以为自己走错了。”但松冈在狼狈之中仍进了店，并为店主“随性玩耍”的形而上学而倾倒。他还写道：“玄路庵主人还是解读绘图文字[3]的研究者。书法也十全十美。舞蹈也棒。不是日本舞，是现代舞。这是怎样的一间店，又是怎样的一位店主啊。这间茶馆，真是异想天不开。”

堀先生把fashion写作“发姿音”。节日的傍晚，他一身威尼斯假面舞会的打扮，手执团扇，在队列里慢慢走着。上街如果不穿“正装”，他便身着竖条纹T恤衫，再搭配一副塑料粗

1. 日本音乐人 MINMI 的作品。
2. 松冈正刚（1944—　），编辑，日本文化研究者。
3. 指象形文字的前身，不具有读音的图形文字。

框太阳眼镜。堀先生俨然站在20世纪60年代末到70年代的京都前卫艺术、地下艺术的十字路口，他周围总有些尚未成为“达人”的“怪人”。每天放学回家路上旁观这些大人的高中生们，就算没有目瞪口呆地开始琢磨和年纪不符的“哲学”，也肯定不会学坏。

京都人喜爱极端，喜爱新事物

这个城市不断迎入那些在其他地方不被接受的脱俗人物、超凡人物、“奇人”和志士。后面将要讲述的共产党知事也是其中的一位。接纳了这些人，城市因此存续下来。要是停止近乎混沌的向心的增殖运动，这个城市的生命力定会枯竭。

说京都是“古都”，那是巨大的谎言。确实有古物留存。寂然又悄然的。但是，很少有人像京都人这么“喜爱极端”“喜爱新事物”。

“首都”迁到东京的时候也如此。在“不要成为第二个奈良”的口号声中，京都不断着手现代化建设，召开内国劝业博览会，建设平安神宫，开凿水渠，开通市营电车……这句明显带有鄙视色彩的口号，显然是出于迁都会导致城市荒废的不安。而被当成傻瓜的奈良的子孙后代则表示：“我家附近好多地方都在日本史的课本有出现哦……”他们自夸着，却又带点自暴自弃的伤感意味。

时代再往后，就不知道京都人在想些什么了，居然把京都塔这么个大蜡烛般的古怪玩意儿竖在家门口。到了1994年，建都一千二百年纪念的时候，有过一次车站设计竞赛。参赛作品里，有把罗生门加以抽象的，也有把建地变成森林，将车站建在地下的。但最后入选的是极为现代化的车站方案，与京都文化的象征等没有一点关系，而京都人对此并无异议。因为他们对新奇事物的期待压过了其他。

20世纪60年代，京都成了怪异的地下文化和嬉皮文化的圣地，从这里诞生了最为华丽和古怪的乐队组合与民谣歌手。近乎女装打扮的老虎乐队，搞笑系的民谣十字军（The Folk Crusaders），以及“那个那个”组合。

若想一眼就捕捉到京都的怪异趣味，只要再回到祇园后面的那条马路就行。那条有着火箭形大楼的后马路。

在中京、下京一带，自古延续的旅馆之间也盖起了高层公寓。京都人仰望这些楼，嘴里说着“京都也给糟蹋了”，但其实他们最喜欢城市的变化，不由自主地为变化而兴奋。比起和谐，流行风潮更容易打动他们。此外，“京都也给糟蹋了”这句感叹背后也有内情。京都这个城市确实没落了，这一点就算不是京都市民也看得出。市民们很清楚，四条河原町这处热闹场中的热闹场，近年来大幅萧条，令人伤心。“从阪急过去，感觉就跟二三线城市一样嘛。”大阪人说。无须他们提醒，京都人自己心中有数。过去和现在，“贫穷的京都”的居民们一直以自己的审美作为最后的依傍，为了显示自己的审美眼光依旧，才故意感叹“京都也给糟蹋了”。尽管这一切明明是他们自己“喜爱新事物”的癖好导致的。

此类反差在京都这个城市的各处呈现，并且错综纠缠在一起。譬如在这座大学城市，僻静的酒馆街之中有大学。晚饭时讨论仍在持续。学生们与在酒馆邂逅的不同领域、不同业界的人们很快熟络起来，深入切磋，从而得到宏大构想，高高兴兴地回去了。就算每晚来一趟都没事，出租车费只要一千日元。过去的住家都是对外开放的。二楼让远方来的学生作为寄宿舍，把茶屋当作自家客厅。寺庙和神社的遗迹之间有高科技工厂，写字楼之间有宫殿和神社。田野间有后现代建筑，市场边上有爵士乐酒吧和古典音乐咖啡馆。神社里举办帐篷剧场和暗黑舞蹈的公演。从古老的沉淀当中产生极为过激和前卫的活动，直到不久前京都还是这样的。选取这个城市的任意一处，其构造都是对立之物的chiasme（交叉配列法）。近乎混沌的多样事物的交错，这曾是京都的引擎。宗凡先生和他身边的人们，便曾其中一个多彩的中心（都是过去式了，令人遗憾，让我惶恐）。

限制的明确

一般来说，如果限制（limit）呈现在外，是悲惨的。不仅悲惨，甚至丑陋。写下这句话的是霜山德尔[1]。《人的限制》中，他在写了遭受迫害几乎没有食物的基督徒，以及奥斯维辛集中营里为数众多的饿死者之后，这样写道：“人原本是在‘品味’的同时存续的，在此，本来被给予人的人类存在的可塑性的秘密被强制剥夺了。人有可能因而变成极度丑陋的东西。”品味，指的不仅仅是辨别滋味，还有观察和倾听，而最重要的则是接近己所向往之物，拒绝难以接受的，选择与他人联系或是分离。这就是人的生。而生被迫变得不可能。

但也有相反的例子，限制以文化的形态出现。当限制作为一项标志被形象化时，就会产生深厚的文化。这时候的限制越偏激越好。因为自由的幅度会变宽。正如前卫艺术一直站在艺术与不是艺术的临界点上。更为亲近的例子，就是服装。我想谈一下京都人对服饰的感觉。

过去人们说京都人“穷讲究穿”，其中一个原因就是限制的明确。这里有舞伎的装扮，无限华丽；又有僧人的行头，去掉了所有装饰，贫寒至极。服装的两个极端范式昭然呈现，因

1. 霜山德尔（1919—2009年），日本临床学者，译有《夜与雾》。

此在京都，人们从小就浸淫在服饰自由的熏陶中，只要在这两极之间就可以。

时尚是自由与规则的游戏。“个性”和“自由”的观念逐渐视觉化，并不意味着可以任意放肆，其中必须有让所有人心服口服的型。自由和规则这对相反事物的游戏，其间摇摆的空间越大，城市就越是花枝招展。只有自由，就会杂乱无章；反过来，要是太拘泥于规则，就会无趣。

摇摆幅度所带来的巨大紧张，创造了时尚文化。摇摆的指针保持在自由和规则之间，其理由正是限制的存在。当作为警戒线的限制，表示的是极限，而非“不彻底”时，两个极限之间便是自由的空间。如同齿轮的游隙。

在京都，首先是由刚才提到的舞伎和僧人的服装作为限制的象征，过了界就不是服装。接下来，大概就是宗凡先生和“河原町的泽田研二”了。

未来的艺伎——舞伎的服装是加法的极致。发型、发簪、白面、下垂的腰带和被称作“okobo”的高底木屐，从表面到剪影都在追求人工变形和华丽装饰的极致。另外，未来的法师——修行中的僧人的服装，则是减法的极致。光头，简朴又廉价的僧服，草鞋。其中体现出前卫派艺术家大概也会踌躇的paupérisme（贫困打扮主义）。他们以这副扮相每天早上在市里转悠讨米。冬天也是赤脚穿草鞋。远离日常的“异形”中的双璧。

京都的孩子们在两极中耳濡目染。这两极形成了时尚的两大限制。如果把两极加以变形，就是宗凡先生和“河原町的泽田研二”。在这之间不管做什么都是被允许的。京都人对奇装异服和变性打扮的宽容，皆因此而生。20世纪60年代末，京都成为嬉皮文化的重镇，之后，又有名为白虎社的涂白妆的团体在城里昂首阔步，原因也在这里。

两极被反过来，并在这一过程中深化。“清贫扮相”变成以艺术的形式出现的“枯寂”，“豪奢”则与其外地人鄙夷的京都人的“面子工程”只有一纸之隔。两者都走得很远。这就使得京都人对时尚的感受性的振幅变得极大。

这座城市的很多地方都有对“极端”的设定。不仅是服装，人、学问和建筑都是如此。因此才能放肆地顽皮和冒险。20世纪60年代末，老虎乐队、民谣十字军、“那个那个”等，怪异的乐队组合和民谣歌手不断从京都诞生，也都是水到渠成的事。但之后振幅又开始收敛，直至20世纪的最后二十五年。京都的“色”与“艳”逐渐暗淡。也许它们变成“静”与“寂”只是时间的问题。但是，“静”与“寂”的继续深化需要有主心骨，这样才不会走向暗淡。需要超越得失的心气儿。这种心气儿曾存在于往日的“派头”中，也存在于战后市民不让孩子穿制服的那份坚持里。他们即便荷包不鼓也要讲究“外表”和“衣装”。我以为，如果“穷讲究穿”的人们某天真的穷困潦倒了，那将不是因为经济不景气，而恰恰是因为失去了那股子心气儿。

“穷讲究穿”的真实心境

京都一直被称作“穷讲究穿”的城市。“穷讲究穿”，自然是指京都人对衣着挑剔，不在乎在穿上砸钱，即便因此倾家荡产。对别人的衣着，他们也会背地里说三道四。但京都人讲究穿的内心其实与外在无关。

充分展现市民的节操的，是儿童的服装。如今，京都也有不少公立初中和高中导入了深蓝外套配胭脂红领带的新制服，不过京都市的公立学校在战后一直拒绝统一制服。提出拒绝的并非学生，而是教育委员会和家长们，大家都不认为有必要这么做。我因为中途转到国立学校，所以被迫穿了两年制服，而小学起认识的朋友们几乎都没有在学校穿过制服。

大约十年前，我曾在京都站遇到两百名左右的高中生。很少看到这样一大群同龄人聚集在一起，我心里正纳闷儿，仔细一看，人人都背着大包。这时我反应过来，哦，他们是去修学旅行的。我忍不住乐了。对啊，京都是没有制服的。朝气蓬勃的年轻人穿着各不相同的服装，他们不是去“学习”，而是要在其他县的人们面前展示自己，因而带着一种争奇斗艳的心情，打扮得光鲜亮丽，集结在车站。嗯，这不是挺好的吗……我为自己是京都市民而自豪。

他们的父母很了不起。让孩子穿制服，那自然很轻松。

不用置办各种衣服，不用花钱。孩子也不用花心思想自己该穿什么，这在另一层意义上是种解脱。但京都的父母们偏不这么做。就算花钱，也要让孩子多一层烦忧，琢磨今天该穿什么。

那是一种训练。是应该以怎样的打扮出现在人前的礼仪的教育。父母对孩子有所要求，而且孩子也乐于接受的，大概也只有这件事了。唯有关于服装，是父母和孩子可以一起努力的。

再说件有趣的事。也是大概十年前，右京区一所公立高中终于实施了统一制服的制度，在毕业典礼上，一群学生大冷天的却坚持要穿浴衣出席。学校方面理应将此当作违规行为看待。然而，在场的老师们并没有就“守规定”这一点发难，他们苦口婆心强调的重点是“是非”，即浴衣是泡完澡穿的，不是出席公共场合穿的。听到这则轶闻的时候我感到，不愧是京都。

时尚确实是这样的。拥有身体的人，以其身体出现在别人的面前，时尚便是出现时的装扮礼仪。去掉这层礼仪的方法之中也蕴含礼仪。总之，比起自己穿这身衣服有什么感觉，更重要的是做这番打扮的时候别人是什么感觉。如果不把这一点纳入视野，不管穿得如何随性张扬，或如何洗练优雅，那都不是“时尚”。时尚是一种感受性，比起装饰自己，首先要考虑装饰别人的目光。这个城市太过于在意别人的目光，甚至有点儿烦人，其内心一直在朝着“穷讲究穿”的方向不断精进。原来如此。

从青虫到成虫

出于同样的理由，京都公立高中的毕业典礼格外有看头。有穿和服外褂和裙裤的，有西装革履的，有cosplay（角色扮演）的，想象力很丰富。朋友的儿子是个玩橄榄球的壮实男孩，毕业典礼那天，他对母亲说："来参加毕业典礼吧。可以看到各种衣服，挺好的。"亲子之间能有这样的互动很棒。不穿校服，就要东琢磨西琢磨，磨炼品位。还是像刚才说的，我觉得让子女经历这番锻炼的京都的大人们非常棒。

在毕业典礼的致辞中，有学生代表对学校做出严厉的批判。有两三所公立高中将从下一年度开始统一制服，据说，学生们声泪俱下地抗议：学生会曾向校方申请讨论校服事宜，但校方不予理会，学生与校方的信赖关系就此崩坏，我们在学校学到的东西，被学校从根本上否定了……云云。

学生们针对的并不是制服本身，而是实施的方法。校长说："我和学生们谈过两次，我不认为程序方面有问题。"或许是这样的吧。校长觉得这就够了，而学生们觉得不够。在校长眼里，这只是程序方面的问题，这点需要商榷。

在教育现场，重要的不是学习规则，而是切身体会规则产生的前提是什么。在社会上，规则的产生，只能基于认为对方也会遵守同样的规则的相互间的期待和信赖。学生们所控诉的，正是校方伤害了规则产生的这一前提条件。

学生们质问的是遵守规则的前提条件，“信赖”，而校长仍然只在遵守规则的层面上回应，说“程序方面没有问题”。看来对校长来说，“谈”的出发点，是为了跳过问题不再谈。深入探讨其实是非常重要的。然而，回避探讨，回避言语的交锋，这种态度在本国的预算审议中不也是很常见的吗？

无论是家庭还是社会，如果作为人生起点的场所不让人信服，我们就无法对社会怀有积极的印象。如果学校是市民社会的小型范本，那么在厌恶和反感之中开始体验学校，是不幸的。毕竟，服装与社会相宜或不相宜的感觉，就发生在肌肤之上，而肌肤则是个人灵魂最敏感的部分。

蝴蝶从青虫变为成虫，这一戏剧化的变身过程中，有个蛹的阶段。据说，蛹的外面虽然有层层包裹，内在却是黏糊糊的液体。处于不安定的危险状态时，更需要加强遮蔽。

外覆硬壳的时期，内在是柔软的；相反，现代，这看似柔软的时代，内在则变得坚硬。对服装有严格限制的时候，人们会在衬里花钱，享受逃逸的乐趣。当服装是自由的，即便放着不管最后也会变得单一，譬如西装或堆堆袜。

凡事看似自由的时代，人的心莫名地僵硬、紧绷。尽管没有人加以约束，人们却主动自我限制，近乎极端地不做出头鸟。人们害怕乍眼，害怕孤立。在外壳柔软的时代，阴湿的排斥和相互检阅蔚然成风。真是讽刺。

“不能让十五岁的春天哭泣”

接下来往北一点，下鸭本通刚过北大路，有洛北高中，即原一中（第一中学），“二战”前是京都首屈一指的名牌中学。如今，这所学校领先采用了初高中连读的体系。秋天举办文化节的日子里，学生们乔装打扮，在该地区列队而行。京都人无论老少都爱乔装，乔装也不仅限于迎立春节庆的时候，这大抵也是因为从小受了舞伎和年轻僧人的影响。

洛北高中往西大概一公里，公交线路一旁的紫野高中，也有着同样的校风。这所学校战前是曹洞宗谱系的佛教学校，水上勉也曾在此就读。一旁旭丘中学的学生大多升入这所高中。直到20世纪60年代，紫野都是教师工会运动的中心。京都有许多人对参加“五一”集会等十分热情，过去公立学校曾在“五一”这天放假。毕竟“二战”后曾有位共产党知事在此任职二十四年。该知事叫蜷川虎三，原本是京大统计学的教授。他从不参加全国知事会议，认为不该占用国家的钱财。他不住公家分配给知事的房子，自己租房子住。因而，市民给予他长达二十四年的支持。如今京都的国政选举仍然基本是自民党跟共产党的单挑。根据选区的情况，有时共产党拿到政党支持率第一名，也没人讶异。

御所东面的鸭沂高中不在这条公交沿线，但也有着自由的校风，各色人物辈出。该校被人戏称为京都演艺学校：山本富士子、京町子、田宫二郎从这里毕业，老虎乐队的泽田研二中途退了学。此外，剧作家及美学家山崎正和、政治学家河合秀和也是从这儿走出去的。以前，这所高中的北面是立命馆大学广小路校舍的食堂，那会儿大家都说，如果在食堂看到浑身乡土气的，十有八九是立命馆的大学生；都市范儿的，那肯定就是鸭沂的高中生了。

山崎正和留下过这样的传奇故事。他从初中起就一直研读《资本论》，高中时成了共产党的一分子。他在研究会上从京大的成员那里接触到萨特等风靡一时的存在主义，同时也做马克思主义的理论指导工作。

山崎就其在伪满洲时期受到的教育，写下《另一所学校》一文（收录于《文明的构图》中）。我读到这篇文章时，不觉眼角发热。

他写到战败之后伪满洲中学阴暗的临时教室：在户外零下二十摄氏度的土地上，用仓库改建的校舍连玻璃窗也没有，只有不成套的桌椅。撤退正在不断进行，学生与日俱减，授课的是没有教师资格的技术员，有时则是大学教授。他们每天给学生念马丁·路德的传记，教授中文诗歌（不是用日语发音的汉文），用旧唱机放唱片，给只知道小学歌曲的孩子们听拉威尔的《戏水》和德沃夏克的《自新大陆》。山崎写道，其中“潜藏着不顾一切的动机。不教点什么，眼前的这群少年会丧失人的尊严，日本人在文化上的脉络会断裂。在这种忧虑下，大人们借着自己的一点权威，无论如何也要把胸中全部所知都倾倒出来”。这其中呈现的“对文化的近乎疼痛的热情、近乎生理上的欲望”，才是现今的日本教育所欠缺的。正因为有过伪满洲的这份教育，才有了“鸭沂的山崎”。

明治初期，京都市民捐出大量的资金，建起硬件精良的一系列番组小学[1]。孩子们在比自己家气派得多的房子里学习，切身地体会着大人们对自己的重视。京都人对教育就是这么热心，但京都人不把应付考试的学习看作学习（不，是过去的事了）。之前提到的蜷川知事表示“不能让十五岁的春天哭泣”，不做升学考试，坚持小学区制度（按区域决定升入的高中，不按分数录取）。从本地高中升入京都大学的人数极少。在全国范围内，也只有京都大学的本地生源不仅不是第一位，连前三都进不了；而京大又是以“对教育没热情”而著称的。正如我回忆京大时提到的那句“有趣”，京大不管束，不强求，是宽松自由的。

---

1. 以当时的町组（番组）为单位，共 64 组学校。

北山通

从洛北高中前的公交站继续西行之前，让我们先稍微绕个道。从这里往南，就是下鸭神社。这座神社被京都著名的葱郁森林“纠之森”环绕。葵祭时，人们就是从这里出发，前往上贺茂神社。

如果从车站往北走，首先路过右手边的洛北高中，不久便来到圣母女子学院。这所学校以其从小学到大学的独特茶色制服而闻名。校门前是和北大路平行的北山通，过去曾按其路宽叫作十二间通[1]。从圣母女子学院周边到鸭川河畔，是最具北山通风情的街区。沿街都是精品服装店、高级绅士服装店、“马勒伯朗士”蛋糕店、祇园的乌冬老字号“权兵卫”的北山分店，以及其他高级餐厅和中餐馆；既有教堂，也有安藤忠雄和高松伸的建筑。因为正好对着植物园的北面，所以是单面的街道，有点儿局促。过去，一到周末就有许多神户牌照的车过来，如今变得清静些了。南边有矶崎新设计的京都音乐厅和京都府立综合资料馆。1924年开园的京都府立植物园占地宽广，是全国第一所公立植物园。

1. 1间=1.818米。

从京都府立综合资料馆的十字路口向北拐，往北山走，便到了深泥池。这个池塘能采集到天然莼菜，莼菜是京都的味噌汤和其他汤类不可缺少的食材。从深泥池旁边上坡，来到岩仓。一侧是圆通寺，寺内庭院借景比叡，十分有名。岩仓从过去就有许多疗养院、神经科或精神科的医院。这里还有在全国率先开设漫画系的京都精华大学，以及最近搬来的综合地球环境学研究所。连接出町柳和贵船·鞍马的叡电是只有一节车厢的单线轨道列车，开得不紧不慢。

细细琢磨，深泥池是个多么可怕的名字。不只是莼菜，“这里的水生植物群落的古老程度，是所谓千年古都不可比的。甚至比屋久岛的绳文杉还要久远”。这是京都智库的创始人、CDI[1]的疋田正博告诉我的。他解释说：“新生代第四纪洪积世后半的大约八十万年，称作‘冰河时代’，而那期间的第四次冰期被称作最终冰期。该时期冰河扩张，海平面比现在低一百米以上，宗谷、津轻、对马海峡变成了陆地桥，猛犸从这些地方过来。深泥池里生长的睡菜，是最终冰期的植物。还有许多在北海道幌向湿地发现过的珍贵水生植物，如冰沼草。也就是说这里的水生植物群落是从冰河期留存至今的。”

曾经在人们的心里，越过了这个池塘就仿佛是天涯海角。过去，传说这里有幽灵出没。年轻时我坐出租经过这里，不知

---

1. Corporate Directions, Inc. 一家著名的经营战略公司。

多少次听司机讲起，某次夜里空车驶过这里，回到市区发现，后座完全被水打湿了。

还有一些故事，编得太圆，一听就像假的。在京都，要是孩子不听话，母亲就会和颜悦色地威胁：“想去深泥池吗？”（那里有幽灵。）要是孩子继续哭闹，母亲就用更加冰冷的声音说：“那就去鞍马吧。”（那里有鬼怪。）如果是在大阪，估计当妈的就会把孩子一扔，“不管你了，你随便吧。”然后自己走了。而一位出生于那霸的女性告诉我，如果是在冲绳，母亲只要吼一句“闭嘴”就能解决。这位女性在东京和京都度过学生时代，如今回到冲绳，在文化财团任职。

从加茂街道望见的景色

回到下鸭本通，“洛北高校前”之后一个公交站，是“府立大学前”，和府立植物园相邻。水渠从东北流向西南，怀旧的西洋建筑和这条路很相宜。接下来，公交车终于过了贺茂川。过河之后，沿着贺茂川从出町通往上贺茂的，便是加茂街道。这也是去上贺茂神社的参拜路。春天时，马路如同粉色的隧道，夏天则是绿色的。贺茂川的两岸都是木构的住家。尤其是从出町到北大路，贺茂川东岸绵延的两层小楼，春天以贺茂川的流水和成排的樱树为前景，以比叡山为背景，美得让不会画画的人也想提笔创作。

加茂街道从北大路往北一点儿，是八月十六日送火的绝佳观赏点。东南面能看到“大文字”，东北面能看到“妙法”，北面能看到“船”，西面能看到“左大文字”。

京都宠爱大学生，但送火时发生过恶作剧，惹恼了京都人，而且有两次。京大的学生们在送火的前夜爬上大文字山，藏在树丛间。到了送火的当晚八点，“大”字亮起的时刻，学生们一齐点亮带来的电筒。人们看向大文字山时，从黑暗夜色中浮现的不是“大”字，而是“犬”字。送火这一仪式，是送走盂兰盆节回归的祖先的灵。所以每当其他地方的人把送火调侃成“烤大字”的时候，京都人就很不愉快。而大字变成了

“犬”字，京都人的愤怒该有多大呢？我倒是不记得当时的京大校长有没有道歉了。还有一次，发生在人们已经淡忘了前一件恶作剧的时候。在加茂街道靠北大路视野良好的位置，人们正在翘首以待。只见第一处火亮起了，然而马上又熄灭了。当时我以为是没点成功，但接下来一直没动静。原来，加茂街道和大文字山之间有府立大学的运动场，从那里升起了一个热气球。热气球完全遮蔽了大文字的“大”字，缓缓上升。本来，“大”字按笔画顺序缓缓点燃，正是送火的观赏亮点，结果“大”字这回却是从底下一点点呈现出来的。这些由大学生犯下的“大不敬”的行为，最终京都人有没有给予宽容，我也不记得了。

贺茂的蔬菜——前缀“お”和后缀“さん”[1]

从加茂街道继续上行，过了北山桥，贺茂川以东至今仍散落着一块块农田。再走过上贺茂桥，西边是辽阔的田野。这一带种植着美味的“京蔬”。除市区的传统料亭外，也有些餐馆的主厨来这里买菜。圆圆的贺茂茄子可以做成味噌田乐[2]，还可以炸或者煮，吃法很多。另外就是萝卜。提到京都的萝卜，人们也许会马上想到软绵绵的千枚渍，但还有一种不该被忘记的萝卜泡菜是“酸茎渍”。这种泡菜有点酸，下酒或者配茶泡饭都是绝佳，只要饭桌上有这个，我就停不下筷子。“酸茎渍”是上贺茂一带的特产，在上贺茂神社一整排社家[3]的对面有店。上贺茂神社的西面有明治初期创立的“神马堂”烤年糕、煮青花鱼的店，还有一家韩国泡菜店。这三家店每天都是顾客盈门，长长的队列如今是上贺茂神社的一道著名风景。“神马堂”从早上五点开始准备，到下午三点左右就卖完关门了。对于在这一带长大的孩子们来说，“神马堂”的烤年糕是

1. 日语中在某些名词加前缀“お”（o）表示礼貌，称呼一些可爱美好的事物也加“お”。有些女士为表示自己的修养，喜欢在不需要加的名词前也加“お”。汉字可写成“御”。“さん”（san）则是加在人的姓氏之后作为敬称，类似“先生”“女士”。
2. 把食材穿成串，抹上柚子味噌或花椒味噌烤制。
3. 世袭管理神社的家族，多住在神社附近。

故乡的、唯有本地人才懂的食物，是心中的骄傲。我家的孩子也是，每次回老家就去买，然后作为手信带给同事。没错，凉了也依旧美味。

往东走一点是大田神社，春天鸢尾花齐放。神社深处有“爱染仓”，一座不知从哪里移建过来的巨大木建筑，里面有意大利餐厅。在院子里散个步，爬上背后的小山，那儿有座亭子，可将京都眺望无余。从此亭观赏“送火”也是绝佳的——毕竟这里与大文字之间没有大学阻隔。

对了，在写到祇园的时候，我把乌冬面“うどん”写成“おうどん”，读者可还记得？[1]京都人说“おうどん”，绝对不说“うどん”。不光是女士，男士也都这么说。京都人对一些不起眼的食物，以及料理中大量使用的各种蔬菜，基本都会加上“お”。乌冬面、荞麦面、泡菜、寿司、烫拌蔬菜、清汤、芋头、茄子、葱、豆子、濑尿虾、鱼、肉、红豆煮年糕……都加了“お”。不过绝不在这些词前面加“お”：胡萝卜、西瓜、土豆、桃子、卷心菜、白菜和猪肉。顺便说一句，在京都“おかき”指的是烤米饼，而不是“柿子”[2]。不过，京都人对小宝宝和猫却不加“お”。理由并不清楚，不过在任何一个地区，语言这东西重新一深究就很复杂。京都人对语法

1. 由于翻译原因，中文语境中难以呈现这点。特此说明。

2. “かき”通常指柿子。

多有讲究，但京都人很少会谈论语法。一旦开口谈论语法，周围就会投来指责“没品”的视线。所以真的很难搞清楚。

另外，我还想多说一句，京都人说的“おみおつけ”是指味噌汤，汉字好像是写作“御御御付け”。加了这么多个“お”，近乎极端了。但京都人对“お”也有其谨慎之处，虽然把味噌汤说成“おみおつけ”，却绝不会在奈良泡菜前面加个“お”[1]。

谈过了郑重语“お”，我想再谈一下尊敬语“さん”。京都人称呼许多食物时加前缀“お”，同样地，在称呼很多切近的事物时习惯加个后缀“さん”。其典型就是把乌冬面馆叫作“おうどんやさん”，而且把豆子、芋头也叫作“お豆さん”“お芋さん”。不光是食物。京都人把今宫神社称作“今宫さん”，把东、西本愿寺称作“お西っさん”和“お東っさん”。大阪有“えべっさん”（戎さん）[2]，而京都有“おいなりさん”（稻荷神社）和“北野さん”（北野天满宫）。就连仰头望天也会念叨“おひさん”（太阳）和“おほっさん”（星星）。

像这样的敬语不光用于外部交际，也用于内部。对别人提到家里人的时候，京都人也用敬语。“令尊今天去公司

---

1. 奈良发音为 nara，如果加上お，就是 onara（屁）。
2. 指大阪的今宫戎神社。

了。”“令弟今天去游泳了。”听说我儿子十八九岁去东京念大学，用敬语提到家里人时，周围的人都为之皱眉。京都人讲家里人也像讲外人一样，我认为，这种距离感比起贬低家里人的村落意识更具近代性，也就是个人主义。但是，京都人的这种感觉很难被认同。

物有时令……

既然提到蔬菜，我就想顺便写一下“时令菜”。最能给我带来“时令”感的，是花椒叶拌笋。把花椒叶用擂钵碾碎，浇上白味噌，与切成骰子大小的笋拌在一起。日本有许多菜都会刻意呈现出菜刀留下的切口，譬如夏天的烫海鳗，譬如生鱼片，还有酸茎渍和拌长芋头等蔬菜。西阵的“万龟楼”把刀工作为一种仪式呈现给食客。展示食材的切面，是为了让人感受到时令。

物有时令。本该如此。

譬如六月，京都人有吃水无月[1]的习惯。这是一种在直角三角形的外郎饼[2]上搁上煮好的赤豆的日式点心。六月吃水无月，与其说是习惯，不如说是生理需求。每到这时节舌头就会焦躁，无论如何都想吃这个点心。如果没吃到那白白的外郎饼——象征着从北山冰室献上的冰——身体就无法从梅雨时节的郁闷中醒来，无法抑制燥热。水无月的糕体除了白色，还有绿色的抹茶味和红色的黑糖味，共三色，三个排在一起吃。到了七月，要吃粽子。京都的夏日庆典——祇园祭里，怎么也不

1.“水无月”，日本旧历六月的别称。

2. 一种蒸米饼。

能缺少粽子。包裹外郎饼的竹叶的香气微微刺入鼻腔，让人心旷神怡。

在这个季节，京都人爱吃盐烤香鱼、温焯鲤鱼薄片和烫海鳗，而更重要的是，吃这些食物用的蘸料——蓼醋的苦、醋味噌或梅肉的酸，都让舌头感到凉爽。夏天，是腌茄子、煮南瓜、冰镇西瓜、带着生爽劲儿的黄瓜、烤辣椒，还有碎冰和刨冰的季节；隔着夏天的春天，有生拌嫩笋和杂菜拌笋，还有裙带菜、淡煮花椒芽；秋天则有陶瓶松茸蒸蛋……写着写着，我渐渐感到无力。这样的季节感早已消失无踪。茄子、南瓜、黄瓜、番茄，一年到头得意扬扬地陈列在超市。蔬菜货架上哪还有什么季节感。季节变成了靠演绎展示的印象。事实上如今的气候也变得古怪，春天骄阳似火，梅雨变成暴雨，然后迎来冷夏。服装也没了季节感，大夏天的穿黑衣服也变得寻常。

说起来，从前的京都女子，尤其是商号的老板娘或是花街人士，每个月都有每个月该穿的衣物。当时并不是像现在这样分为春夏和秋冬两季，当时的和服有十二季。衣服换季的那种轻微躁动基本是日常的。就像月事一样。不，就和月亮本身一样。满月到新月的过程中，月亮有各种名字："十六夜""立待月""居待月""寝待月""卧待月"。过去的风潮不像现在这样记号化，而是与生理规律和自然节奏相呼应。其中存在着一种深远感。

菜肴也同样。烫海鳗、青花鱼寿司、鳗鱼、鸡蛋卷、笋、松茸……外送店在特殊的日子或是节日来家里收取订单，订的是时令菜或节日吉庆的菜肴。如今这种外送店也眼见着一家家没了。

人也有时令吗？有过吗？

青年、壮年、中年、老年……不同的人生季节，本来有不同的时令，但如今时令被“盛期”所取代。人们把充满朝气的季节，也就是青年到壮年，视为人生的顶峰，之后便都是下坡路，人生从此变成一条寒碜的直线。在下坡路上仍保有（和年龄不相称的）“朝气”被人们说成是理想，即所谓的“抗衰老”或是“成功的老年”。

而从前的人们知道，真正的时令是在“盛期”之后到来的。他们很清楚，正是在消失的预感之中时令才格外明显。前人在和歌中写道：“赏月怎能赏满月。”不懂得真正的时令，我们的存在本身也会像超市的西红柿、黄瓜和白菜那样，变成“无味”之物。如果无法欣赏眼角细纹和染霜鬓角的魅力，恐怕不会有品味时令的资质。

都市中心的郊外

接着谈一下郊外。206路沿线只有北边和郊外接壤，也是无可奈何的。

但是在京都，郊外也存在于住家之内。父辈代代居住在四条的法国文学学者杉木秀太郎曾将都中之鄙作为一个主题加以研究。他写道，这个城市“那些装设有京都格子窗的各家各户，摆出一副冷漠的形象，其实内里都深藏着小小的经过驯化的乡下”。京都的町屋内有“坪庭”（内院），将缩微的自然安置在家中。那些庭院里至今都有蛇鼠——当然也有青蛙和鼬——出没。不知这些小动物平时都藏在哪里。另外，如果沿着街道直走，很快就会出现田野。田野绵延，再穿过灌木丛，便来到山前。每天早上都有裹着头巾的老太太从这些田里出来，来到洛中，“太太，买点菜吗？”安插于町屋之内的郊外和柔软地包裹着市区的郊外。京都被郊外双重裹挟，彼此浸透。

都市是文化的各种装置聚集的场所。或者稍微换个说法，可以说，文化的各种装置变成了生活在其间的人们的身体乃至感官本身，都市就是这样的地方。在我们的历史之中，人们把与自身的野性协调相处的方法演绎成了一种智慧。在这种智慧之内，都市这一文化装置并不是把人的野性驱赶出来，而应该是将其包藏在内。

我们的内心有各种各样的对立和矛盾，它们之间不断发生争斗，同时在深层次互通，形成一种样式。当人们生活中的各个维度都设定了这些样式，并且其渠道越是多样化时，都市就越像都市。这种时候，都市有许多种形象。对成年人来说是社交的场所，或者是做生意的场所，对僧侣来说是信仰和修行的场所，对外人来说是著名景点和古迹，对住在其中的孩子们来说首先是运动场。当都市失去它作为一个错综多面体的存在方式的时候，也就丧失了生命。想到现代日本的都市，总有种“肤浅”的印象，恐怕最大的理由在于，即便城市装备崭新又丰富，但对住在那里的人们来说，它仍不是个错综的多面体。

我并不是满不在乎地在说这些。正如川添登[1]曾在某处写过的，厨房过去曾经是个极其多义的空间。对父亲来说是读书的地方；对母亲来说是记账的地方；对孩子来说，厨房里有刀具等许多危险的用具，有些用具有着不可思议的形状。关于道路，也可以有同样的描述。同一条路有许多功能，不仅是交通的场所，有时是孩子们的游乐场，有时是附近主妇们的唠家常的地方，或是老人的散步道。汽车的出现使得道路原本具有的空间的多义性解体。道路变成了危险的地方，因此人们建造

1. 川添登（1926—），建筑评论家。

了专供走路的人行道。然而，人行道也因为有自行车变得危险，孩子们不再在路上玩耍，主妇们牵着孩子去公园开会，老人们乘着小巴前往养护机构。汽车开始在不设任何妨碍的专用道上行驶。在人口众多的大城市，为了提速，道路开始设置在无人的半空。在那种道路上，道路掌控了驾驶者，行驶的时候不能过快也不能过慢。驾驶者接受了限速，从行驶变成被动行驶。在都市这一空间内，生活被如此分解开来。新建成的都市大抵分成若干片区，在一个地方可以购物，在另一个地方可以娱乐，但没法同时做别的事。生活的多义性被扭曲，多义性消失。人的生活变得平面化……

棋盘格

北大路一带，是在由上京、中京和下京构成的京都城区的北面，以所谓城市扩建的形态发展而来的。战前的今出川以北都是辽阔的田地，散落着农家、寺院或大宅（别院）。后来，住家愈来愈多，道路等设施也不断修整完备。如今从上贺茂到西贺茂都盖满了房子。虽然是后建的，从下京的乌丸到大宫之间的纵向道路一直延伸至北，完好地维持了“棋盘格”的形象。

这些纵向的马路大多在中途有几米的偏斜，不过大体上还是从京都站附近向外延伸，在北部终止。乌丸通从京都站出发，通过御所后一直往北，在北大路过去一点与贺茂川相交的地方到头。室町通也在北山通那里与贺茂川相交并到头。新町通在北山通之北的御薗桥那儿到头。堀川通在上贺茂神社西面的上贺茂桥那里到头。西面的大宫也在西贺茂到头。

关于棋盘格的城市道路，罗兰·巴尔特曾这样写道——

> 据说四边形的、网格状的城市（例如洛杉矶）使人产生一种深深的不安：这种城市使我们对城市产生的那种联觉情感受到了伤害，我们所想望的那种城市需要任何市区空间都有一个中心好走、好回，它应该是一个完整的场

所，让人想象着从那里出发或是退回……与西方玄学运动相一致，每一个中心都是真理的场所，我们的城市的中心常常是满满的；一个显眼的地方，文明社会的价值观念在这里集合和凝聚；精神性（教堂），力量（官署），金钱（银行），商品（百货商店），语言（古希腊式的大集市：咖啡厅和供人散步的场地）；去闹市区或是到市中心，就是去邂逅社会的“真理”，就是投身到“现实”的那种令人自豪的丰富性中。

（罗兰·巴尔特《符号帝国》）[1]

罗兰·巴尔特继续谈道，与之相对，东京的中心有着任谁也无法靠近的“虚空”。也就是说，城市中心成了“由围墙、河沟、屋顶、树木构成的不可解的环形”，城市的运作围绕着这个虚空的中心迂回兜转……让人不觉想到，京都有名为御所的虚空的中心，难道京都也是跟东京同类的城市吗？但是与巴尔特的担心不同，京都的“棋盘格”并没有让居民们感到不安。反倒是像东京那样的城市，让到访的京都人感觉到深深的不安，“想象出来的事物以回环成圈的方式展现，绕着空洞的中心迂回扩张”。理由很简单。因为没有定点。

1. 原文用的是石川美子的译本，这里引用了商务印书馆的孙乃修译本。

这个网格状的城市让人安心，是因为不管站在“棋盘格”的任何位置，都能看到熟悉的山。城市被山三面围绕，只要看到山形，就能确定方向。不论在哪里迷路，网格状的道路都不会遮蔽山的身影。在这个城市不可能迷路。京都市民有搬到神户定居的，却几乎没有人想把东京或大阪作为最终的居所。大概是因为在神户有种安心感，抬头可见北方的山，不会丧失方位（大阪的生驹山过去也有着相同的作用吧）。相反，东京这个城市从哪里都看不到山。所以在京都长大的人去了东京，总有种深深的不安。即便是去和京都一样有“棋盘格”的札幌也如此。这是生理上的问题。当然过去的江户也不是这样的。东京的很多地方如今还残留着“富士见台”[1]的地名。

不过，在高楼群遮蔽视线的“水泥森林”东京，就算没法根据山来判断方位，人们也很少迷路。因为身体记住了由标志性建筑到目的地的途中的风景。所谓景观，是在移动这一运动过程中被镌刻在身体上的风景的游移（或是从眼角一侧流逝的断续的风景），绝不是站在原地正面感受这景观如何壮丽等。城市的风景从来就是这样的东西。城市是每个人自己“书写”的。

1. 可以看见富士山的地方。

过去乌丸车库还在的时候

过了贺茂川，立即来到北大路乌丸交叉口。右手边出现了名叫北大路城的大型商业楼。这里从前有市营电车的巨大车库，与南面的九条车库、东面的锦林车库、西面的壬生车库齐名。四个车库的旧址中，这里发生了最戏剧性的变化。人流大不如前（西面的新町商店街已经萧条了），不过这一带作为市营电车终点站的形象却没什么改变。对着岔路口有专门做河鱼的店（不过也是小小的，和夜间小吃店差不多），还有的店似乎是寥落的酒馆。岔路口附近有水果店，有卖美味乌冬面和萩饼[1]的“相生食堂”，再往前是卖旧书的“丸万书店”。不变的风景。但是拉面老店“一番”没有了，让人心痛，前阪神老虎队的内野手在那里煮过面。

在京都，要是走在大马路，时常能遇上名叫“力饼食堂”或“大力食堂”的乌冬面馆。京都乌冬面老字号很多，不过作为大众食堂的典型，“力饼食堂”或“大力食堂”的乌冬面也相当可口。我不清楚“力饼”或“大力”这些店名的由来，不过店家靠街的橱窗里肯定摆着萩饼，有黄豆粉萩饼和红豆馅萩

---

1. 糯米蒸熟后捏成团，叫作“牡丹饼”。牡丹象征春天。到了秋天则是“萩饼”，借用了萩这种日本秋天最常见的花卉的意象。

饼。另外，这些乌冬面馆的菜单上肯定会有中华炒面和豆皮寿司，还有些店家供应咖喱饭。我曾登上阿尔卑斯的少女峰，很惊讶地发现，山顶餐厅里居然也有写着咖喱饭和拉面的日语菜单。大众食堂果然很清楚平民最吃哪一套。

在北大路上隐约可见大谷大学的北门。206路沿线还有一些佛教大学，如龙谷大学（七条大宫）、佛教大学（千本北大路）、华顶女子短期大学（知恩院前）、京都女子大学（东山七条）。这所大谷大学属于东本愿寺的系统。校舍是明治时期的和洋折中的砖瓦建筑，很漂亮。我去过几次新正门旁边那栋设有礼堂的建筑，若有可能，我希望能向附近市民开放最顶楼教授开会的房间。从那个房间可以饱览东山三十六峰，更重要的是，送火的时候可以将东、北、西面的所有山峰悠然纳入视野。三岛由纪夫的《金阁寺》细致地描写了大谷大学的周边景色，手持文库本在这一带的住宅区徜徉，想必也是一种乐事。书中出现了乌丸车库、大谷大学运动场南面的洋楼，还有大学南面的叫紫明通的大马路（附近的人称之为“下总”）。

我曾经有几次作为讲师去家附近的这所大谷大学（通称“谷大”）上课，不过在家附近的大学上课并不是件愉快的事。下课后松了口气，到常去的书店站着读杂志，极其偶然地正好翻到有裸体照片的页面，就在那一刻，背后传来声音：“老师，今天的课多谢了。”去复印店复印大量重要资料，听过课的学生凑上前来：“老师，我有点不太明白的地方……”

说着递过来一本德语的哲学原著。难道要我当场翻译康德那些晦涩的句子吗？事关作为老师的面子，我不觉身子一紧。然而学生问的却是："下一次做报告要做这段话的翻译，请问是在这本译本的哪里呢？"我顿时放松下来，心想"搞什么啊"，接着摆出一副老师的面孔，从容地用手指一指，"这里"。在自己生活的场所过得战战兢兢，确实不快。本来放松身体的安宁之所，却有并非本意的紧张感插进来。这样一来都不能慢悠悠地吸溜乌冬面条了。总之各种状况，谷大的学生确实有种过于老实的劲头。在谷大旁边，有家我儿子的同学的父亲开的西餐馆"丰"，有谷大的学生在那里打工，而且是和我相熟的教授的学生。避开吧避开吧[1]。

1. 原文为"桑原桑原"。传说菅原道真死后化作雷神，唯有他的故乡桑原不打雷。所以后人念两遍"桑原"，为了避开落雷或是不祥的、讨厌的事物。

稍微走个几步……

与大谷大学的南侧相邻接的，是外文书店“至成堂”。在京都说起“Shiseidou”[1]，就是指这家外文书店。在京大、同志社、立命馆学习哲学或文学的研究生，肯定会有那么一次紧张地打开这间“Shiseidou”的大门。里面寂然无声，如同图书馆的书库。谷大的老师们就把这里当图书馆用。

从乌丸下行，稍微左拐，有家流淌着爵士乐的美味烤串店，名叫“若鸟”。还有一家酒馆“紫季”，任性地提出要求“我想吃这样的”，会得到店家十倍的回应。过了乌丸通继续下行，在同志社大学的正门前，有一间唯京都才会有的悠闲咖啡馆“侘助”[2]。这里最有名的是洋葱芋头盖饭。再下行，御所西面的对街有间和果子店“虎屋”。很多东京人不知道“虎屋”的总店并不在东京赤坂，而是在这里，真让人头疼。不，是让人窃喜。因为每次接待东京来客，都能收到对方送的“虎屋”的昂贵羊羹。“虎屋”是皇宫御用点心店，天皇行幸东京时，当时的店主黑川光保也曾同行，他把总店留在京都，于1872年（明治二年）在赤坂开设了分店。据说动

---

1. 读音同化妆品牌“资生堂”。
2. 侘助是山茶的一个变种，单瓣，花型较小，花蕊退化，没有花粉。

物学家“弹涂鱼先生”[1]家的黑熊“Don兵卫”吃过一次东京客人带去的“虎屋”羊羹之后，就对其他的羊羹再也不看。似乎就连弹涂鱼先生也一直以为“虎屋”是东京的老店。顺便说一句，专营和纸的“鸠居堂”的总店也不在以日本第一高地价而著称的银座，而是在京都寺町新京极。

过了乌丸通，车来到新町通。这里密布着小学和初中。途中的室町则有立命馆附属初中和高中。男女同校之后，立命馆附中搬到了伏见，去年开设了立命馆小学。同时，同志社也在岩仓开设了小学。我忘了具体对应关系了，总之这两所小学中，其中一所提供的是宝之池王子酒店的午餐，另一所则是大津王子酒店的午餐；午餐都附带甜点。学校的包是一泽帆布的。在我看来，让孩子午餐吃得比大人还豪华，这种教育与最近在电车上抢座位给孩子坐的妈妈们的习惯一样，都很愚蠢，所以就此我不再多谈。

沿新町通下行，有京都教育大学附属京都小学和初中。这里改名为教育大学之前，曾是京都学艺大学的校舍，培养出众多的中小学教员。学艺大学搬到藤森之后，这所初中用了原来的校舍。我曾从下京坐公交车来这里上学，度过了三年初中时光。有位大日本屏幕的女白领也坐这趟车。她从五条上车，在

1. 畑正宪（1935—），日本动物学家、小说家、散文家。以其“弹涂鱼王国”系列作品著称，被人昵称为“弹涂鱼先生”。后面提到的黑熊的名字来自日清的方便面品牌。

鞍马下车。我在拥挤的电车上摇摇晃晃，她便总会从我手中接过书包，放在自己膝上。我面红耳赤，不知该把空出来的左手放哪儿，一直紧张到下车。结果三年里我除了“谢谢”，一次也没和她交谈过。不过现在觉得，这也是市里的文化。

北大路从前有两家人文系的学生常去的书店。葵通北大路街角的“葵书房”（这家现在还在）和室町北大路的“圣文堂”。大概因为下鸭和紫明一带有许多寄宿舍。两家书店里储备了大量高水准的人文图书，堪称城北的“京都书院”。“京都书院”是一家集齐了思想、艺术类出版物和诗人全集的书店，仿佛图书馆，也在很久以前关门了。从河原町消失的有“骎骎堂”“丸善”“奥姆社”，取代书店和电影院成为这条繁华街的形象代表的，是游戏中心和餐饮店。“圣文堂”被画材店和点心店夹在中间，旁边是药房，再旁边是大众食堂；对面是立命馆初高中；背后有紫明小学和紫明幼儿园——“紫明”的名字来自赖山阳[1]的“山紫水明”——再往西一点，有家基督教会背景的复活幼儿园。这片街区聚集了二十岁以下的人。

书店消失让人寂寥，不过饮食文化至今留存。在室町和新町之间，从今宫通沿衣棚通往北一点，悄然伫立着卖山椒小

1. 赖山阳（1781—1832年），江户后期的历史学家、思想家、汉诗诗人。

鱼的“东云”。这家位于住宅区且门面不到四米宽的小店，被电视上的美食节目评定为全国第一。因此，每到中元和岁末时节，就连附近的人也得先预订，等一阵子才能吃到。再往北走，有上贺茂“神马堂”烤年糕。往西北走，有做淡泡菜的“大光”。北山通有“马勒伯朗士”蛋糕、“权兵卫”乌冬面（在这家店开业前，我总是叫新町老字号“龟屋”的外卖）。往西走，有“田丸弥”白川路（芝麻煎饼），今宫神社的烤年糕串、大德寺前的咸海带，大德寺里的塔头可以吃到极好的汤豆腐。我常去一家相熟的夫妻开的时令菜馆“富士菊”。过去这家店就面对着堀川通，至于现在搬到哪里了，我不说。

不用去什么著名产地或是观光胜地，在家附近，只要走五分钟十分钟，就有这么多销售名品的店，真是幸福。不仅是北大路一带，不管住在京都的哪里，步行范围内都有深深扎根于当地的老字号。京都人并不盲目自大，每个人都在各自的街道静静地享受小而高浓度的幸福。出生至今，一直去那些店，用身体记住这份小小的幸福，同时浸淫于老店为客人制作东西的过程中。

对本地高中生来说，帮忙做烤年糕串或御手洗丸子也是一种“修养”，有点像在便利店和速食店打工，但又有些不同。高中生们首先要从迎宾词“欢迎光临”开始学起。

自治都市

在京都城里漫步，你会不会时而感到惊讶？为什么在如此寂静的町屋之间，四处点缀着外送店与和果子店？除了因为从前各种红白喜事都在家里举办外，这里头还有一个特殊的理由。

都说京都人对外人很冷淡。譬如对陌生人的拒绝；又譬如碰上不欢迎的客人，就把笤帚靠着柱子摆放；还有带着暗喻的“要不要吃碗茶泡饭”——对方有长留的打算，老也不走让人困扰，便反过来问人家要不要吃顿便饭，以促使对方离去——真是兜圈子的说话方式。但这是“弱者”的自卫手段。京都自平安朝末期以来，就不断被卷入外部的权力斗争。先是源平之战，然后是足利幕府、应仁之乱，接着是战国的纷争、丰臣家与德川家的巧妙支配，再来是新选组与勤王志士的斗争……这个城市一直是战场。每逢战争，京都的百姓们被烧毁了住所，被赶走，被毁灭。统治者不断更替。如果追随当时的统治者，到下一代就会家破人亡。所以京都人才会这样。他们不得不服从外来的支配者，但过于接近就会更危险。京都人有此切身体会，便和外来者保持着一定的距离。他们不让外人看到自己的内部。京都老百姓的町屋住宅以围墙环绕，外人无法看到里面，也不是没有缘故的。大多数人不进邻居家的门，仅仅站在门口讲话。这是京都这片土地强加给人们的悲哀性格。人们不得不怯懦，或者说谨小慎微地生活。

生活构筑在狭小的土地和极大的人口密度之上。老百姓于其中建立起的生活方式便是彼此不做深入。这里还有个肯定会让你愕然的风俗。门前洒水对京都人来说，是种共同生活的礼仪（étiquette）。既是为自家凉爽，也为清洁共同生活的场所，还蕴含着一种服务精神，即让经过的路人有凉爽的感觉——事实上水被阳光蒸发后，水汽反而让人感觉闷热。然而，如果把水洒到邻居家门口，就成了“多管闲事”。但如果只洒自家门前，就显得“小气”。所以洒水的范围越过与邻居家界线的十厘米到二十厘米即可。这是长期共荣的智慧。实在憋屈。

然而在京都，对重要的事，人们会商量之后做决定。当前的支配者不知何时就会换人，所以京都产生了自治文化，不过完全不显示出反抗的姿态。对，就是集会。集会需要场地。为了敞开来谈，还需要酒和食物。上门商量事情则需要礼物。所以有了那些店铺。在每个区最少需要有一家送餐店、一家和果子店。这种自治的文化、社交的文化的形成，让京都成为日本最初的近代都市。比起“历史名城”或者

“古都”，京都首先是“摩登”城市。

对我们这些“二战”后长大的人来说，京都模式也浸透身心。每次去祇园赴宴，我会在四条大桥一带买好御手洗丸子或是寿司礼盒，到了店里便悄悄递给老板娘：“给您家里人。”老板娘也低声细语，不让其他客人听见，悄悄扶住我的肩膀说：“多谢您照应了。”

虚都

也有人自嘲，说京都不是“古都”，而是“虚都”[1]。没什么内涵，用表面骗人。景点的料亭餐饮是个很好的例子。光是用外表和（如古琴音乐般的）氛围抬价。本地人都觉得“无耻”（えげつない），也就是现在人们讲的“恶心”（エグい）。大阪人以实质决胜负，所以他们讨厌京都人。对大阪人来说，“便宜又好吃”顺应天理，也就是合理的。京都讲究外在的风气，或是像东京那样，贵的就好吃，便宜的就难吃，大概都不是真正的文化。

说京都是“虚都”，还有一个重要原因。因为京都巧妙地开发了这样一个系统或者说策略，就是凭“权威”敛财。譬如所谓的“总寺”“发源地”，等等。在这里，执照或权威很好使。

大家都知道，在京都的老字号实习，或是在祇园受训，这些经历在回到故乡后是相当管用的。利用“权威”这一虚构的事物，大家都是同谋。人们“上”京，然后“下”到全国。“没什么了不起”，指的就是那些没有这种经历的人。

---

1. 日语中“古都”与“虚都”读音相近。

我之前写道，有不少人以为赤坂的“虎屋”和位于银座中心区的“鸠居堂”是东京的老字号。这也许是“皇室御用”造成的错觉。这家位于京都御所正前方的“虎屋”的师傅，在迁都时与宫廷同行到东京。于是，这才有了赤坂的“虎屋”，京都的人们这么认为。但其实京都市民的日常生活，乃至过去的公家的日常生活，都是非常朴素的，从“烫海鳗”就可以看出来。

食材的贫乏催生了极致的精密的烹饪技巧。讽刺的是，这样的技巧与炖蔬菜和泡菜、山椒小鱼等腌制食品一起成了京都料理的著名特色，并且流行开来。这些本来是穷人在求生存中孕育出的智慧。

我还是想再重申，京都人是质朴的，所以绝不会光顾那种只讲究外在的店铺。我知道好多平价却美味的店铺。乌冬面馆里头，像大众食堂“力饼”的汤面、打卤面、狐狸乌冬面等，算不上顶级的美味，却也相当不错。要在京都享受美食，拿本美食指南是没用的，至少得找一个在京都长大的朋友。

元祖和本家——今宫的烤年糕串

过了堀川，公交车来到大宫，接着开到大德寺前。在北大路城一带，如今每天早上六点左右仍有年轻的修行僧一边唱着“哦——”，一边托钵逡巡。如今不像过去，没人施舍大米给他们当早饭了，连老人也不会这么做。人们只是把零钱轻轻放进他们的碗里。年轻的僧人也学会了一些窍门，知道在哪儿能得着钱，便会更加大声地唱着“哦——”，在同一个地方原地踏步等着，直到有大婶跑过来。

大德寺。丰臣秀吉为了让世人知道自己是织田信长的后继者，曾在这里为信长举办了盛大的葬礼，该寺因此而著称。更早以前，一休禅师曾住锡这所临济宗大德寺派的总寺。如今的亮点则是南门前的拉面摊“面许皆传”，名声响过塔头里的汤豆腐。穿过这座寺院往东北方向，便到了今宫神社。

要是搭乘公交车直接去，就在建勋神社前下车，顺着参拜路笔直北上。在之前提到的紫野高中前，穿过大德寺的后部走到头，就是今宫神社。这回我们的目的地也不是神社内，而是位于神社一侧的烤年糕串店。一家是据说“血续二十三代”的“正本家・元祖 一文字屋”，另一家则是“本家・根元饰屋”，两家店面对面。我总是左右为难（两家都好吃得没话说），不过还是会不自觉地走进“正本家”。这家过去有个揉面团的大婶很有名。年糕片穿在细细的竹签上——其实是在今宫神社的正殿里供过的斋串[1]——用炭火烤过，然后涂上味噌酱汁，放成一盘，即是无上美味。说起来，大阪的道顿堀也有章鱼丸子的“元祖”和“本家”相邻而立，互相较劲。据说那两家原本是远亲。

北面的“一文字屋”有口井，据说小野小町曾在此洗过她美丽的脸。或许只是与山科随心院的化妆井样式相同而已[2]，那位揉面大婶告诉我。如今，一旁的紫野高中的女生依然在这里打工，往竹签上穿年糕。她们娇声迎接客人：“欢迎光临。”当客人问“元祖和本家哪一家才是真的”时，后头正在揉面的年长妇人便会粗声回答：“我们和对面那家没关系。”

横穿今宫通的时候，我与前来拜神的一家人擦肩而过。婴儿的额头上用红笔写着“大”字——绝对不是“犬”！那是个男孩。女孩一般写“小”。

今宫通从前叫作“六间”。就是车谷长吉的《赤目四十八瀑殉情》中提到的那条路，从鸭川往西通往今宫神社。这部小说里有个通晓现象学的小儿科医生，我从作者那里得知，该医生角色是把两个原型叠加之后除以二得来的：一个是过去住在

---

1. 竹签上插着供神的币帛。
2. 小野小町，生卒年月不祥，是公元9世纪平安时代前期的女歌人，据说是绝世美女。京都山科区随心院据说是其晚年居所。

寺町的小儿科医生兼思想家松田道雄（岩波的《育儿百科》以及河出的《列宁》的作者）；另一个则是我这个住在“六间”路边的“现象学研究者”。能与松田道雄“合体”，我感到极其荣幸，即便是在小说里。他是市井的思想家中我最尊敬的一位。京大人文科学研究所第一代所长桑原武夫总是会把像他这样的人才招揽进来，让其参与到共同研究当中。正是桑原所长的宽广胸怀支撑着战后京大的学术发展。良好的风气引得东京的编辑们每个月都会坐“鸽子号”或是“燕子号”列车（新干线建成之前）“上京拜见”。

对年迈的出租车司机说去“六间”，对方会高兴。另外，要做个京都通，就该把北山说成是“十二间”。

从今宫神社前往西上一个陡坡，便是鹰峰。那里曾有本阿弥光悦[1]创建的团体，用现在的话说就是艺术家公社。若从今宫神社的参拜路南下，在隆起的船冈公园的正下方，有家深得奢侈三昧的澡堂“船冈温泉”，室内设计和装修是由出入御所的宫廷木匠完成的。澡堂是京都的隐秘文化，有许多澡堂也如这家“船冈温泉”般奢侈，投入了毫无意义的设备，下了几乎是愚蠢的大功夫。譬如高强度的电热池，还有人不用动弹、剧烈回转的热水便会把身体洗净的人体洗涤机等。当你赤身裸体

1. 本阿弥光悦（1558—1637年），江户初期的书法家、陶艺家、艺术家。曾在鹰峰创建“光悦村”。

接触到这份无意义时，整个人便陷入“人生反正是一场游戏”的情绪中。这种效果大概对健康更有好处，暖身活血倒在其次。反正依我看，京都人就是爱“极端”。

接下来，公交车终于到了北大路的尽头，在金阁寺不到一点儿的地方开上千本通，在这里左转。在千本北大路的交叉口有光明中心[1]，稍微往西北则有盲人学校。京都从1873年起依靠市民捐款开始致力于盲人教育，1878年开设了日本第一家“盲哑院”。据说在这所学校开设的职业教育除了针灸，还有和木唐木细工、铜板雕刻和刺绣等。我家孩子也在附近的高中念书，所以学校里有一门课教的是把读物做成盲文点字，用现在的话说就是志愿者课程。学生们把做完的点字纸送到光明中心。放学后留在学校里点字，或是去今宫神社，在“元祖”或“本家”学习揉面团和待客的技术（不过烤年糕片的工作绝不会交给打工的人），等等，能学到不一般的经验，这里的高中生们真幸福。

1. 盲人综合福利设施。

往南

京都的纵轴

千本北大路。从这里下行，千本通一直通到九条的罗城门遗址，接下来则是绵延的鸟羽街道，一直延续到淀的宫前桥。马路全长约十七公里。为什么会有这么长的一条路呢？其实这条路曾经是构成平安京中轴的朱雀大街及其延长线。虽然绵长，但如今提起“千本”，大家脑海中浮现的，主要是从北大路到丸太町，或者是到三条附近的那段。

作为平安京正门的罗城门遗址在千本九条，大极殿的遗址则在千本丸太町的西面，有不少人对此感到惊讶，为何京城的正大门和正殿在这么偏西的位置。

平安京建于京都，是在794年（延历十三年），以前的中学生记成“黄莺鸣叫哟平安京”[1]。

首都的建设模仿中国的都城制式，以幅宽达到八十五米的朱雀大路为轴线，设东西两个区域，分别为左京和右京，还沿袭唐风称左京为“洛阳城”，右京为“长安城”。然而到了平安时代的后期，右京的衰退让人看不下去。因为和左京相比，右京是潮湿的低地，多有沼泽和泥地。建都时修建的大路也逐

1. 日语原文写作“鶯鳴くよ平安京”，其中“鳴くよ”发音为“nakuyo”，与数字794的发音相合。

渐崩垮，回落成原本的农村。京都有洛中和洛外之分，就是因为中心区域变成了“洛阳城”即左京。之后，平安京以左京为中心重新做了整修，过一条往北延伸，又过鸭川一直往东延伸到东山脚下，成为细长格局。经过应仁·文明的大乱，都城被破坏殆尽。又经丰臣秀吉的都市大改造，都城被“御土居”[1]围绕起来，内部道路也大致得到了整修。然后在这期间，京都的大致分区从以朱雀大路为轴线的左、右京的东西分区，变成了以二条大路为界线的上、下京的南北分区（以上参考森谷尅久监修的《京都的大路小路》）。

我们的206路沿环状线路在洛中跑了一圈，但这其实仅为平安京的右半部分。206路西面的千本通才是从前纵向穿过都城正中央的主干道（朱雀大街）。

1. 土城墙。

生活世界的神佛

京都这个城市有着徐缓的坡度。北大路的地势高过东寺五重塔。骑自行车从南往北，便能亲身感受到这一点。去程比回来要花一倍以上的时间。往北是“上行”，往南是“下行”，骑上自行车才实际体验到。把球放在路面上就能辨清南北，在十字路口小便也能辨清。朱雀大街比现在的御池通或堀川通要宽得多，它描绘出舒缓的斜度，一直通到京都的主大门罗城门，是条视野开阔的路。

从北大路的最高点千本北大路下坡，便是上立卖。那里有钉拔[1]地藏尊。这所寺院的正式名称是石像寺（净土宗），从许久以前就有为人祓除苦难之说，所以曾经被叫作“苦拔地藏”。寺里绘马上都挂着钳子，据说能拔除痛楚、苦难和怨气。关于“苦拔”的由来，田中泰彦在《京都的神佛》中以讲述童话般的口吻做了这样的解释：

> 据寺法记载，室町末期，油小路上长者町有个名叫纪国屋道林的人，久为双手疼痛所苦。道林向地藏菩萨祈祷，希望能治愈手的疼痛。到他的发愿结束的那天夜里，

1. 日语中的“钉拔”就是拔钉子的钳子。

地藏菩萨出现在他的梦中："你的手疼是报应的结果，因你前世憎恨他人，在人偶的双手钉上八寸钉施咒。但你既然来求我，我便拔除钉子，将你解救。你看这个。"菩萨给他看了沾着血的八寸钉。道林醒过来，双手的疼痛彻底消失了。天亮后即去拜佛还愿，请僧人打开佛龛，只见地藏菩萨的手上沾血，执有八寸钉。道林礼佛百日还愿，并建了地藏堂。那之后，人们便称此佛为钉拔地藏。

不断有人造访这座寺院。香火从不断绝。住在附近的老人会进佛堂里祈愿。这里的住持还开设了谈心室，日程表贴在参拜路上（说是参拜路，也就十米左右）。

在千本，有许多类似这样与人们的生活密切联系的寺院。

阿亀

从千本通往西走一点，到了千本释迦堂。这间寺院据说也被称作“佛像的宝库”，而我的目的地是寺内一角的“阿龟冢”。当时建正殿的工头弄错了柱子的尺寸，当他为此一筹莫展的时候，妻子阿龟想出了一个好办法。正殿终于顺利建成，但阿龟认为如果外人知道丈夫是靠妻子的计策才能成功，会有损名声，于是自尽。“阿龟冢”就是为了祭奠这位扶持丈夫而死去的阿龟。周围挂满了家庭圆满、工程顺利、集福迎祥的许愿。因为阿龟是工头之妻，前来上供的都是行业内的，如大林组、清水建设、铁高组、米兰工务店等。最近这里还成了“防止老年痴呆”护身符的售卖点。同行的人说，这里的女厕所装有传感器，一进去就发出巨大的流水声，防止年轻女子反复冲水。这大概也是继承了阿龟的智慧吧。

说到京都的女人，便想起葬礼上的那种非常有味道的丧服。当然是全黑的，但有时在腰带上的太鼓结位置用淡淡的白墨手写着一个“梦”字。葬礼上穿个“梦”字，或许有这样的含义：人生虚无，或者人生本来就如梦。京都女子在哀痛之中凛然挺直脊背，在这种氛围中浮现的“梦”字，比僧人的说教更加明晰，更有深意。京都的女人真是果敢。

之所以果敢，倒不是因为她们为自己而活，而是因为她们完全接受了人世间的命运安排。但我觉得，她们其实可以更轻松一些。她们确实是坚韧的。正因为有坚韧的女人，男人们被约束的同时依然能做个“极乐蜻蜓”。这究竟是幸还是不幸呢……

在大学教我数学的森毅先生，大阪出生，东京求学。这位先生在北海道大学讲过课，后赴京都大学任教，我曾经读到他为京都风土人情感到惊愕的一则故事。某次他如往常搭京阪电车上班，对面的位子坐着个小男孩，一脸不高兴地向同是小学生的姐姐抱怨着什么，好像是学校里的小纠纷。先生觉得好奇，侧耳倾听，却听见姐姐小心地压低声音告诫弟弟：“千万不要说真话。”在京都，十岁左右就已经是“真女人”了。

对了，据说我儿子上幼儿园的时候，对他的朋友们也说过相当老气横秋的话。这是他朋友的母亲悄悄告诉我的，说是和其他孩子一起打电玩，然后我儿子说：“你们就不能做点更有意义的事吗？”场所精神（genius loci）的力量实在是可怕。如今儿子也比我更像个大人。周围的人对他的判断力的信任也多过对我。

顺便提下另一件事。小学的时候，我就读的位于下京的醒泉小学获得了全国小学合唱比赛第一名。其他县的代表队都是男女合唱，但我们小学的合唱队完全由女声构成。合唱队的女生们从早上六点半左右就开始在音乐教室练习。对男生来说，那只是一种折磨或者修行。音乐课上，男生们也是懒懒散散、不守规矩，被老师赶出去，“你们去操场吧。”在男生们玩耍的时候，女生们独自拿到了全国冠军。自古以来，“极乐蜻蜓”就是由女人生下来的。

上七轩一带

再往西，就到了祭祀菅原道真的北野天满宫。菅原道真被奉为学问之神，每年一月一日年初参拜的时候，宫内挂满为即将开始的考试而祈愿的绘马。每月二十五日有热闹的古董市集。著名的大阪天满宫也同样祭祀菅原道真，每年七月二十五日举行天神祭。道真公在关西颇有人气。

考试的季节，梅花盛开。我经常去那里，小时候光顾参拜路上的夜摊，念高中了则是去附近的地图店和餐馆。我会在天满宫的东门折返，去斜对面的上七轩晃悠。这里就像是京西北的祇园，密密地排列着置屋[1]。也有料理店，不过我每年夏天都去的是一家名叫“老松”的和果子店。这里的夏柑糖是不爱吃甜食的我在京都最喜欢的点心。把夏柑[2]的中间挖空，在里面放入果汁和琼脂调配出的果冻。这里用的夏柑是日本自古就有的品种，据说山口县的萩市与和歌山县的农家现在专门为了制作这种果冻栽培夏柑。夏柑糖一个1470日元。每到七月，我就给远方的朋友寄送夏柑糖，作为季节的问候。

---

1. 置屋和青楼类似，但有所不同。置屋拥有艺伎和游女，将她们送到有需要的料亭、茶屋等地，同时也是她们的居所，不接受客人上门。
2. 日本的夏柑很酸，不能直接食用，一般做蜜饯、饮料或香水。夏柑的用途很多，是山口县的特产。

西阵的夜

回到千本通，这次沿着五辻往东。认路的标记是千本通两边的泡菜店“近为”（中午有配有十种泡菜的茶泡饭套餐）和盐海带店。这一带聚集了西阵的织布商。当织机声消失，夜幕深垂后在这一带散步，偶尔有车经过，周围是古旧的房舍，却感到自己仿佛丢下了一切羁绊，作为赤裸裸的“个体”在风中独自飞舞。

在智慧光院通跟前的“鸟岩楼”，是战时避难从祇园搬到西阵的鸡肉锅专门店。这里的精品便是鸡汤。雪白的浓汤满满地装在沉甸甸的铜锅里端出来上桌，醇厚度可与一乘寺的拉面馆“天下一品”的浓汤相媲美，只不过这里的不是用猪骨，而是用鸡骨架，似乎经过多道过滤，虽然浓郁，却又有着让人诧异的清爽口感。完全看不到埋在锅底的厚厚的一层带骨鸡肉。我没问过店家用了怎样的秘方，因为这样做缺乏情趣。吃的时候，先把鸡肉盛到高身窄碗里，稍微撒点盐和姜汁再品尝。顿时整个人从心底暖起来。接着把已经用水烫过的白菜和嫩嫩的豆腐放进浓厚的汤里，最后加入白米饭泡着吃作为收尾。要是先点一份鸡肝刺身作小菜，也很不错。

玄关一侧的九官鸟也是这家店著名成员。这小鸟的岁数应该相当大了，从我最初去店里到现在，一直很有精神地说话。从前还有个著名的女招待，和鸟一样上了年纪。待客非常细致周到，仿佛天生的女招待，性格豪爽，让人想不到是京女子。据说这家店中午提供的是亲子盖饭[1]和汤的套餐，我还没试过。白天生意昌隆确实可喜可贺，不过这家店最有情调的时候还是在客人不多的夜里，在角落的包间一边斟酒，一边看隔扇外簌簌落下的雪。

我会带着可以随意相处的人去这家店，不过如果碰上忌日等需要稍微上台面的酒席时，下长者町猪熊的“万龟楼”会是我的选择。西阵的男人们聚会经常上那儿。

为什么过去西阵有许多老爷，为什么他们财大气粗，能老是出入祇园？不用说，是因为西阵织。我想就京都的和服产业与文化写一笔。外人对此有许多偏见。

1. 鸡肉鸡蛋盖饭。

精密工业——技术之城，西阵

京都不是观光城市。京都的各处都在接待游客，看起来好像是靠观光维持着，但其实旅游业的收入仅占总收入的一成。京都至今仍是典型的内陆型工业城市。让人意外的是人们并不清楚这一点。京都过去就是工业城市，从扇子、竹帘、佛具乃至陶瓷制造；如今电器设备和运输设备仍是制造用品产量的TOP2。也正是这座城市，在明治时期兴建水利，开通市营电车，建造了世界上第二座水力发电所。

听到工业，也许大多数人会感觉诧异。但我想请各位回想一下当前京都最具代表性的几家企业：京瓷、欧姆龙、村田制作所、堀场制作所、岛津制作所，还有任天堂和华歌尔。这些企业擅长的领域各不相同，陶瓷、传感器、测量仪、精密器械、游戏软件和女性内衣。

但这些代表现代京都的企业有三个共同点。

第一，它们都是中小型创新企业。这些企业（除了岛津）在太平洋战争之后，通过开发新产品如陶瓷制品、游戏软件、传感器、胸罩等进入市场。京都这个城市会产生即便没有学问却有智慧的人。堀场制作所的创始人创办公司的时候，还是京都大学的学生，是学生创新企业的先锋。

第二，通过移植传统工业技术，生产出人们不曾预想的产品。京瓷的技术，便是把京都陶瓷的传统技术移植到其他领域，这才成为可能。任天堂原本是经营花牌、扑克、象棋等游戏用品的。华歌尔开发出形状记忆型胸罩的时候，据说曾有美国国防部的相关人员懊恼道：“美国国防部花了惊人预算，开发出来的用于战斗机座椅的形状记忆合金的技术，居然被用在女性内衣上……”人们一本正经地传播着这种故事，虽然世界并没有从战争转为和平。对了，大阪著名的章鱼丸子据说也是由技术转移产生的。有一种说法是，在明石，人们用铁板制作渔业的赛璐珞浮球，有人把鸡蛋浇进了这种铁板的洞里，于是后来便有了章鱼丸子。一项技术被用于完全不同的领域，能发挥意想不到的效果。技术史似乎就是在这连续不断的转移的推动中发展的。

第三，这些企业都是精密工业。可以说，领先的计量设备产业，是制作日常设备的传统产业那种分毫不差的精密技术，移植到明治时代的岛津制作所等企业的技术里，然后进一步传承至现代而形成的。这份技术后来又转移到有关人体的领域，引导着全国九成塑胶模特的生产制作，促进了华歌尔的精密人体计测技术的发展。事实上，华歌尔的研究所存储有庞大的测量数据，关于人体的比例及其在不同年代的变化等。要问现代精密工业源头，毫无疑问，是手工匠人的技术，是扇子工匠、点心师傅、桶商、佛坛商、宫殿木匠、佛像修复师、做豆腐皮的工匠们的技术。

京都其实是个比从前更加典型的内陆工业城市。特别是纺织工业集中在西阵。机械纺织、刺绣、染、浆洗……纺织业的工匠们的这些精密技术进一步改变形态，成为现代工业、成为学问，延续下来。顺便说下，待客的范式，在京都也精致到令人惊艳。“DX东寺”堪称全国脱衣舞剧场的大本营，那里的机械空中刚朵拉的精巧，大概也是唯本地精密技术的水土才可孕育出的。

节约的文化——循环使用

除了转移，关于京都的文化，有必要谈谈的还有转用，即“循环使用”，recycle。和服便是其中代表。外出的和服变成了日常在家穿的，经过几次缝补之后变成被套，最后成了抹布。循环使用的思想渗透其中。但与此不符的是，京都很少有旧衣店。大概人们认为在旧衣店买衣服有损形象，此时面子上的需求胜过了“节约”的需求。京都人从来教育下一代绝不可糟蹋东西，近年来“好可惜”也成了流行语。对我来说，节约是祖母的言传身教：祖母会在厨房往饭锅里倒一点儿热水，把粘在锅里的米粒泡下来，用手指拈着放进嘴里。我现在也不会让碗里剩下哪怕一粒米。

在京都如今成为课题的，是设施的循环使用。历史悠久的城市大概都是这样，近来京都的小学也在不断停办、合并。京都是全国最早建立现代学区制小学的城市，1869年（明治二年）就诞生了64所学校，这些学校是就读儿童的父母，以及全体市民共同出钱办的。所以，服装展示会等活动也会在学校的课外活动室或礼堂举办。小学深深地扎根于当地生活之中。这些小学中很大一部分已经停办。京都市把停办小学的校舍用于艺术或福利设施，这是非常好的。特别是把教室做成画廊，大小正合适，也颇有意趣。在室通町的明伦小学旧址设立的“京都艺术中心”是一个成功的例子。就在最近，龙池小学的旧址重生为“京都国际漫画博物馆”。其他还有好几所小学兼设了护理机构。京都这种循环使用的文化，在很多方面的意义已经超越了单纯的节约。

在人们为“泡沫经济”癫狂的时期，我非常敬仰的一位京女子，千家十职[1]的漆艺师中村宗哲，曾轻描淡写地说过：“京都的商人们常说，赚得到钱时不可赚太多。”我猜她的本意是，京都人原来是懂得过犹不及，会把握分寸的。

1. 指与茶道三千家（表千家、里千家、武者小路千家）有合作关系的十种匠人，如漆艺师、茶碗师等。与三千家一样，这十家手艺人也是按代传承，每一代掌门都承袭上一代的名字。文中所写的应该是已经逝世的十二代中村宗哲。

和服的文化

千本通的寂寥与和服的寂寥是一致的。

关于人们为什么不再穿和服，我能马上想出好几条理由。譬如，生活方式的变化（譬如西洋风格的住宅、家具，现代化的办公楼环境）、空调和建筑结构的变化带来的季节感的消失，还有小家庭现象的普遍。尤其是最后一项，小家庭现象不像其他几项那样经常被提到，但其实对于和服文化而言是最为本质的环境变化。家里只有一名成年女性，所以不再有婆婆帮儿媳穿和服，或是祖母帮孙女穿和服，一代代传授和服及其穿法的习惯就此中断。很显然，没法一个人穿是和服顾客减少的最大理由。如果说，互相帮忙穿和服是家人间亲密度的标志，那么和服的没落，或许也预示着家人关系的终结。

尽管如此，人们对和服的品位上的憧憬和关注并非低到令人绝望。举个例子，克里夫顿·卡夫[1]说过："我认为在不着急的时候，穿和服是最棒的。"当然，这句话不是说和服不适合活动，而是指和服会抑制我们平日匆忙的时间观念，让我们转向其他方面。产业社会不断向前的生活中，我们的时间感觉

1. 克里夫顿·卡夫：Clifton Karhu（1927—2007 年），久居日本金泽的美国版画家。

极为紧迫，总是尽可能地追求效率、产能，和服把我们从这种感觉中拔出来。和服让我们用身体感知与产业社会的特质所不同的生活节奏。和服所具有的这层意义，大大超出了材料和穿着形态的问题。

刚才提到，外出的和服转为日常家居服，经过几次缝补之后变成被套，最后成了抹布。循环使用的思想、再利用的思想，深深地浸透了和服文化。这一点对重新审视现代人的生活方式具有很大的贡献。另外还可认为，近来的旧衣风潮和对手工艺文化的关注，也在某些方面反映了人们对现代时间意识的反省和批判。而进一步考察会发现，和服当中蕴含了柔软的身体观念：衣服不是包裹人类身体（作为物体的身体）的物品，而是用来协调体态，把身体推上舞台的辅助。这样的身体观念或许在现代文化具有重大意义。我们应该首先重视的，正是这种作为文化、作为思想的和服所具有的深度。

“京都和服”的骄傲

和服文化与纺织产业长时间的没落，对京都这个城市恰如一记重拳。西阵占据京都人生活的方方面面，西阵的衰败，影响到了整个京都。

这是产地西阵的问题，不如说是室町一带批发商的问题，京都和服的信誉大减。尤其值得指出，其他地方的和服店对京都和服的信任已经低到谷底。根据20世纪90年代京都市所进行的全国问卷调查显示，佐贺、福冈、大分、山口、三重、爱知、长野、石川、静冈，不论在哪个地区，与消费者直接接触的和服店店员，在设计和商业道德（渠道，特别是批发商的道德）方面，对京都抱有极大的不信任感，形势严峻。关于这种不信任感增加的理由，我也可以立即指出几条。首先，卖和服的人自己不穿和服，仿佛主动坦白穿和服不好工作。是不是在利用消费者的无知牟取暴利？此类对京都和服业的猜忌也是根深蒂固。20世纪80年代，和服业者一窝蜂地涌向“新和服”，发现不能获利，立即又纷纷撤退。不可否认，这种拜金主义（或者说是对时尚文化的使命感的阙如）让人们对和服业者的不信任感骤增。看市场调查的结果，各地的专业人士（销售商）对商业道德的不信任似乎尤为严重。这种不信任的范围已扩展至京都脚下。

这份市场调查显示，各地销售人士重点针对京都批发业者的不诚实、努力不足和危机意识的欠缺发出强烈谴责。商品生产仅凭产地的名气，设计方面保守，京都和服尽管仍有半数消费者信赖，然而粗制滥造的数量也是最多，此类苛责不在少数。另外，西阵的纺织商只会模仿别人的设计；怕风险，尽做些平庸的东西；在染、腰带、系绳等各种要素上擅自添加附加价值，却不考虑整体的协调；定价远离日常生活；对后期护理完全没有考虑；分销过程中抽成太多；对和服所处的危机太过迟钝，等等。与顾客直接接触的地方零售店的反馈十分不佳。总之只能说，京都的和服产业仍旧在吃“京都和服”这一品牌的老本，不思进取。

回顾过去，“新和服”的风潮曾是和服重生的最后机会。但是那场风潮没有理想伴随。譬如在颜色上，简单认为只要把颜色做得朦胧些、淡些就可以了，结果就是让日本独有的精致色调变成了浊水。

此外，消费者和各地销售商的此类不满很难传到制造商那里，也是个问题。穿和服的人、想穿和服的人与制作和服的人，他们之间的壁障太厚。他们之间隔了太多人。与之相伴的另一个问题是强硬的纵向型生产体制，没有一个担任总策划的人物来站在穿和服的人的立场，或是在感受时代氛围的基础上，对生产做整体的协调。在这过程中，就连生产者们也丧失了与同时代的服装文化相维系的紧张感，开始把自己的工作看成是艺术创作或工艺品创作。于是，和服离穿着者的感受越来越远。

煽动对“京都和服”的需求，或者说，煽动人们对和服的憧憬与兴趣，却没有将其与顾客的购买活动相联系，其中最大的原因似乎是销售渠道结构的问题。公司的形态或许也有问题。也就是说，公司没有成为职员的共同体（association），至今仍是雇主加雇员的体系，以个体店的意识运营着。和服零售店方面则早就放弃了将和服作为一种时尚衣着——这本该是和服重生的王牌——普及的想法，而是彻底把和服归类为一种非日常的服装。事实上，如今和服的销售额主要集中在振袖、留袖、访问服等高价礼服上。

“粹”

京都方言有个词叫作“kooto”，我不知道汉字该怎么写。年长的女性这么说：“您今天的衣裳真是kooto呢。”所谓“kooto”，是指朴素又沉稳，但是有着“粹”，潇洒。在家如此，在外也是以收敛、低调为佳。但又必须有“贵气”。我之前也稍微写到过，京都人爱气派，爱极端。朴素也不能只是一味朴素，个中意境很难言明。

我之前也写到过，黑底白字上写着“梦”的和服腰带，这条潇洒的腰带叠合了达观和心气劲儿，是了不起的扮俏的标记。身穿没有花纹的和服，然而当那人一转身，背影呈现出那样的幽玄文字，是比炫耀背上的刺青更有“粹”的。作为“极乐蜻蜓”的京都男人不想输给女人，会进行反击。我有个朋友是这样做的。一场授勋纪念宴会上，他穿着适合场合的黑色正装出现，在官样文章的寒暄之后，我们打算换个地方。走出会场往酒吧去的瞬间，他叹气说“累死了”，脱去黑色的外套，突然出现了迷幻风格（psychedelic）的图案。他的衬衫正面是纯白，背面竟是迷幻风格的华丽彩色。这就是京都人，对“背反”有追求，在其中做文章。

我也有条在正式场合必戴的领带，倒不是模仿这个朋友。即便是大家穿燕尾服系蝴蝶结的场合，我也只穿件黑西装。这件黑西装的左右领子是不对称的，不过很少有人注意到。用来和它相配的是条细领带，在天蓝色底色上错落地竖着以红白色横写的字。“Stoïcisme. C’est impossible.”我想把这句话翻译成“禁欲主义？你开什么玩笑……”西装纽扣扣紧的时候，这句话只露出前半截。但等宴会结束，解开纽扣或者脱掉外套，后半句就显现出来。没错，就是“C’est impossible”（不可能）。

在过去的京都，男人女人都会这样的“游戏”。但如今，这样的游戏是不可能的。因为人没法靠自己一个人穿和服。京都的三代家庭大为减少，爸爸、妈妈和我，这样的核心家庭变得普遍。但和服是相互帮忙穿的文化，如果没有“老奶奶”和“媳妇”，和服的穿法就无从传到下一代。

西阵京极

怀着这样层叠缠绕的念头，我从千本通继续下行，来到中立卖一带。这个东北角过去模仿新京极被称作“西阵京极”，曾经很热闹。我还年轻的时候，这里最有名的是名叫“千中music”的脱衣舞剧场。光是听到“千中”的发音，就会心头发紧，觉得是个不可以去的地方。那是家和九条“DX东寺”齐名的全国著名脱衣舞老店之一。后来接替千中让这里出名的，是名叫“西阵cine friends”的电影院。这家是所谓蔷薇族的大宗，虽说全国范围广大，但是连映三部同志电影并带有现场歌舞表演的电影院，仅此一家。三部连映当中必然会有一部过去的日活动作演员的电影，赤木圭一郎、石原裕次郎、小林旭、宍戸錠等人。

这家纪念碑性的电影院也在几年前终于消失了。这个城市过去曾有过长久座、昭和馆等影院的繁荣，如今仍营业的老影院只有千本日活。虽然保留了日活的名头，却是一家黄色影院。至今仍固守着五百日元的电影票，而且是含税的。

从千本中立卖西行，再转到南边，是五番町一带。这里出没的是没钱的手艺人和学者，还有多半是被迫禁欲的年轻僧人。潦倒的风情、年迈艺伎的浓妆、女扮男装者，五番町是热爱这一类变态文化（abnormal culture）的人们的聚集地。要想一窥究竟，请细读水上勉的《五番町夕雾楼》。我在囊中羞涩的研究生时代听大学的前辈们讲了太多在这里的神勇事迹或是悲惨回忆，不过我自己还没来这里探究过。

往下行一段，是千本丸太町。我生得太迟，不曾被此地的文化洗礼。这里有过独特的咖啡馆文化，在“往北”一章中介绍过的哲学家九鬼周造，据说也曾出没于此间的咖啡馆。传说女招待过来点单时他故意开玩笑：“我要cookie[1]。”

在这样有着深厚过往的街区，诞生了敢于打破常规并留下了巨大科研成果的自然人类学者今西锦司、文化人类学者梅棹忠夫，还有不会被轻易湮没的顽强艺人都春美和山城新伍。

1. 日语中“九鬼”的读音同 cookie（曲奇）。

迟暮影院

过了丸太町，接着来到二条站前。二条站是一座富有情趣的和式建筑。如今被改建成了高架，和车站邻接，有家巨大的VOX电影院。最近立命馆大学的法律研究生院和京都府医师协会的本部也都搬到了这里，周遭风貌变化很大。

京都过去曾是日本第一的电影之城。松竹和东映在太秦的摄影棚满是来自东京的演员和导演们。如今来我家的园艺师从前也在太秦做摄像的工作。演员和导演们完成工作之后就涌去先斗町或是祇园。他们常去的店，出入的都是名人，星光熠熠。我去过圆山石塀小路的酒吧“Tinto”，还有御所之南、竹屋町富小路上、和室建筑却提供地道西餐的包厢式“竹富”等，都留有往日的风情。

但是，在京都这座电影之城，老影院基本都消失了。“SY京映”“松竹座”“京都宝塚剧场”“朝日会馆”“田园cinema”……现在还留存的，有两部连映的“祇园会馆”（遗憾的是已经不再是三部连映，但每周会有一次一千日元均一价）。九条大宫的“京都南会馆”放映国内外的严肃作品，但是如果其间不加入动画片或恐怖电影，光靠严肃作品恐也难以为继。剩下的还有搞首映的“东宝公乐”和色情电影院。里寺町的老影院“八千代馆”（深夜仍然营业，卖点是色情电影的首映）、川端七条的“本町馆”，还有千本中立卖的“千本日活”——没错，票价五百日元的西阵的那家。“京一会馆”过去曾有浪漫情色电影的导演和女演员们来做现场活动，现已无存。我小时候被带去看武打片或西部片的“岛原映剧”“岛原国际”，还有一家我忘了名字的、在京都站前的“丸物”百货商场里的电影院，都早就不存在了。

最近的《京都新闻》的晚报的电影版块，恐怕会让曾在这里度过大学时代的人感到愕然。如今放首映的电影院集中在东西两处大型影城（cinema complex）。新京极的三条往南一点儿的“MOVIX京都”，这家有十二块屏幕。然后是千本二条的“TOHO cinemas 二条”，这里有十一块屏幕。此外，最近在四条乌丸开了家有三块屏幕的“京都cinema”。新京极过去的“SY京映”附近开了家“cinema liebe[1]”，有两块屏幕。这些大型影城独占了首映（不知怎的，“封切[2]馆”的说法至今仍保留着），而且每一家都是“全席指定席入替制”[3]，好厉害的两极分解，好厉害的管理体制。

我念大学那会儿，电影院和爵士咖啡馆或古典乐咖啡馆一样，是消磨时间的固定选项。我甚至曾经把三部连映的好莱坞

1. 德语的“爱”。

2. “封切”即拆开封口，引申为电影等首次公开上映。

3. 即凭票入座，每次放映结束清场。

电影看两遍。河原町四条南面的色情影院“田园cinema”放映的是半彩电影，因为没有制作经费，只把关键场景上成“天然色”，其他画面则是黑白的。一旦感觉情节变得冶艳，就赶紧清醒过来紧盯屏幕。卑微的小时光。等到日活的浪漫情色电影出现后，色情影片就败下阵来，只能靠中间穿插“实演”招揽观众。虽然两者都是靠色情镜头支撑，但浪漫情色电影算是一种文艺作品，色情电影的观众则全是大叔，两者间的关系既近又远。年轻小伙两边都去看。影院的入场费比寺院的入场费要高一些，但如果寺院的秘佛“开帐”[1]，收费可比影院高。

因为武打片常在我家门前的日莲宗总寺本圀寺的寺内和旁边拍摄，所以我从孩提时代就熟悉电影的摄像。我观察摄像队的工作，等他们走后，在同一个位置模仿他们，直到太阳下山。现在回想起来，小时候当《非洲雄狮》等电影上映时，影院就会从孩子当中募集彩色手绘。入选作品挂在电影院里。这是那个时代电影院的情怀。现在的电影院和书店一样，再也不会有百事通般的文化达人了。

1. 秘佛，平时严加保藏，不对外展示的佛像。只在特定日子“开帐”，即公开展示，供人膜拜。

旧车站

市营电车曾经的规划是从千本通笔直地通到罗城门。但因为遭到三条南面木材同业者町的强烈反对，在三条稍微斜着打了个弯（后院通），再通向京都的西站，即阪急四条大宫站。

最近人们常说的“三都物语”[1]，在京都就是从这里出发。连接神户的阪急电车，直到几十年前都是以这个大宫站作为终点。同时，现在这里仍是通往太秦・岚山方向的岚电（京福电铁）的始发站。因此，这里过去密密麻麻地聚集着寥落街区风格的小餐馆、居酒屋和电影院（东映和大映）。当然现在也有些旧时痕迹。我每次从大阪回来必去的拉面摊“力新”，大型桑拿店，还有几家小钢珠店。如果沿着大宫通往北，至今仍群集着居酒屋、挂着流苏帘的小饭馆、酒吧。对于在下京出生长大的我来说，交通枢纽背后的寥落街区的感觉的来源，不是河原町和新京极之间迷宫般的后寺町，而是四条大宫这里。

京都之旅，可以说是JR东海道线路的促销之旅。“发现日本”“走，去京都吧”，之后是“三都物语”。

1. 三都物语是 JR 推出的营销活动，主推京都、大阪、神户三地的观光线路。

事实上，像这样三个气质、文化乃至语言都有所不同的百万人口级都市，各自分布于只要三十分钟就可往来的距离，在世界上也是没有他例的。如果再加上奈良则更是屈指可数。关东是许多城市以东京为中心成同心圆，也就是越往地方，东京化程度就越淡薄；与此不同，关西是少有的多中心地区，各个城市都认为自己这里是最好的，为自己的城市而自豪。文化在这里层层重叠。事实上，这三个城市的联合商会，在战后也只合作过一次。

三个城市并不总是彼此“讲坏话”。以京都人为例，对他们来说，大阪便宜又好吃的食物有其魅力。如今只有去大阪才有好的音乐会和电影。他们还向往神户具有异域风情的菜肴和服装。尤其是京都夏天闷热、冬天寒冷彻骨，这种俗称“锅底”的气候，京都人也觉得受不了，很多人盼着在神户度过晚年，因为那里阳光充沛，空气也温和。对没有海的京都人来说，神户有让人心旌雀跃的兵库海，并且和京都一样是近旁有山的地形，让人安心。另外，即便有时保持距离，有时相互敌对，京都人和大阪人同样不媚上，都信任本地民众的自治能力，在这一点上有着隐藏的共鸣。大概是对这种共鸣有所畏惧，明治政府在废藩置县的时候，把原本东到高槻（摄津富田）、西到芦屋之西（摄津元山），并拥有人称“天下厨房”的堂岛和船场这个商业城的摄津国分割为大阪府和兵库县，以此扼杀摄津的力量。

天使穿越

京都206路，我的公交车回忆之旅终于即将到达高潮。这一站是大宫松原。从这里出发，接下来的方形区域是我小时候的根据地。西起大宫通，往东是黑门通、猪熊通、堀川通（醒之井通），接下来是油小路、东中筋、西洞院、若宫通、新町通一带。按南北划分，则从西本愿寺背后的北小路通往北，依次是正面通、花屋町通、六条通、杨梅通、五条通、万寿寺通、松原通。

从四条通顺着大宫通下行，很快就是大宫松原。从松原通往东三条路，来到堀川通。感慨万千。这里至今仍浓浓地留存着我年幼时的身体记忆。堀川松原有我念过的醒泉小学，就是我之前提到过的，靠能干的“京女子”们维持骄傲的学校。几年前，我为NHK的节目“课外课堂——前辈，欢迎”来到阔别四十年的小学，让我高兴的是，教室里面和过去一个样。

先前，我听下京区一所幼儿园的相关人士说，附近的四所小学加起来，新生才过百人。我无言以对。据说那些小学在不久的将来就会合并。我上小学那会儿，同年级的学生有三百人以上。

我忽然想象到课间休息时的操场。稀稀拉拉的孩子们的身影。同一个操场，过去有十倍以上的学童，热热闹闹。不对，“热热闹闹”这个形容太淡定，用“密密麻麻”也弱了，“你推我攘”会比较接近。

我上学那会儿，教室总归是不够的。权宜之计就是用三合板把礼堂隔成六间，我们在隔出来的临时教室里学习。距离近得连旁边的同学稍微喘口气、动一下都立即传过来，就像在满员的列车里。

到了休息时间又是另一番辛苦。学生们群聚在狭小的操场上，找个地方玩真不容易。跳长绳的时候，其他在玩抓人游戏的学生经常在中间跑来跑去，随时会绊到绳子。总之就是人推人、人撞人。摔倒了往上看的时候，只见绳子、躲避球、裙子、手都在飞舞着，想起身都找不到空隙。我感觉有将近一半的人因为没法挤到操场上，就只能靠着校舍的墙壁看别人玩。

如果不拼命找个空隙，然后把那个空隙弄松一些，想玩也没得玩。要是光待在教室里，又有种被遗弃的感觉，所以大家都去操场上。气氛随之扩散，几乎每天都是躁郁的状态。

我曾经听研究动物行为学的日高敏隆先生说过这样的事。他说，如果把蚜虫满满地塞在一处，它们的成长会缓慢；但如果仅把一只蚜虫移到广阔的空间，它的成长会更加缓慢。如果一只蚜虫动动触角刚好能碰到另一只蚜虫的触角，这样的群体密度就正好。如果这也适用于人类，那么五十年前的操场和现在的操场都是异常的空间。

同样的情形好像也适用于家庭。过去一间六张榻榻米的房间[1]住五个人，是太憋屈；而分散到每个房间一个人，作为生物也是异常的。一家人被铁门密封在内，也是异常的。过去（长屋或公寓），邻居家的情况只隔着一堵墙，仿佛探手可知：不管是父母和子女吵架、夫妻吵架、还是婆媳吵架。如今即便伸出触须去感知，也无法碰到对方的触须。如果仍然继续努力去触及，就成了不端的“偷听”。

动一动触须就碰到邻人触须的间隔。虽然触须相碰，但不会碰到皮肤的绝妙距离。如果把这样的模式运用到教室和集合住宅，会带来怎样的空间设计呢？这不禁让人感到，我们还有很多东西需要向其他生物学习。

有件事我小时候倒是没觉得奇怪，那所小学的背后，从一丁目不知到几丁目，有条马路的名字很奇妙，“天使穿越”。不知道名字的由来，肯定不是指天使匆匆经过这个世界的“天使通行”，而是垂直穿透这个世界的“天使穿越”[2]。是的，借用哲学家九鬼周造的话，就是“垂直的狂喜（ecstasy）”。真是个过激的路名。

“天使穿越”之东是西洞院通。过去，叮叮电车几乎擦着房檐行驶在这条十米多宽的马路上。以前我们不爱在自己住的町里玩，一放学就跑到那里去，把一日元的硬币放在叮叮电车的铁轨上，和朋友比赛，看能被压成多大的极薄的圆盘。

1. 约 9.72 平方米。
2. “突き抜ける”在日语中是“穿透”的意思。

孩子们肆意成长的地方——六条商店街

我生在名叫佐女牛井町的地方。是从醒之井通（五条往南的区块在战后堀川通扩张时与其合并）的杨梅通到六条通之间的区域。既可以写成“醒之井杨梅下”，也可以写成“醒之井六条上”。但没人知道杨梅，所以我在初高中的名册上都写成“醒之井六条上”。

醒之井的叫法源自一口著名的井。据说源平时代这里曾有源义经的六条馆。

隔着堀川通，对面是日莲宗的总寺，一座名叫本圀寺的大寺院。这一带其实没有大宅，多数是小小的住家，住着下町的手艺人，或是承接和服加工的人。我就出生在这些小小的住家之间，一条小巷子尽头的一间更小的小屋。打开玄关，五米之后就与后面的人家相接。没有空间可以招待朋友，没法在家玩，只能在小巷子或马路玩耍。

在这个仿佛被封存了的地方，有两位独居的老人；有一对老夫妇；有一家没了母亲之后父亲在外做工，几乎很少在家，三个小孩自己过活，是个有名无实的家庭；另外还住着一对每天相互打骂的木匠夫妻。出了门到小巷子，有几间佛坛店、两间和服店，有神乐职人、纸盒店、伞匠、油漆匠、烟草店、牛奶店、糖果店、蜡烛匠等。还有位老人做着藤匠，同时又是手拿尺八的虚无僧[1]，不知道哪份才是他的本职工作。

转过街角就是六条商店街。这条幅宽两米左右的商店街上，从蔬菜店、肉店、鱼店到日用品店、电器店、文具店、理发店、和果子店、乌冬面馆、花店、泡菜店、药房、自行车店、书法私塾、算盘私塾……应有尽有。

我小时候，母亲长期卧床，所以我经常被派到这条商店街买东西。我不喜欢提着个塑料的购物篮去肉店买可乐饼，可是没办法。在等可乐饼炸好的过程中，我一直心惊胆战，怕被同学看见。出于同样的理由，我也不喜欢蔬菜店豆腐店伞店的叔叔阿姨们冲我打招呼说“好能干呀”。所以我总是飞快地逃回家。

回到家，偶尔会有电话打来，房东说“有你的电话哟”。就是过去大人的名片上常写的“呼出电话”[2]。于是我怯生生地走进让人瑟缩的大房子深处接电话。每到早上要去学校，上学也是件难事。因为每次路上我都会被秃顶、穿平角短裤的大叔逮住，听他得意扬扬地讲日俄战争的事。天天都是一样的内容。从学校回到家，坐在桌前，邻居家的争吵隔着一堵墙传过来，不想听也得听。

我就是在这些大人们的围绕中长大的。我当时一直觉得这

1. 禅宗普化宗的僧人，带发修行，吹尺八（日本的木管乐器）。

2. 自家没有电话，借用邻居的电话号码。

些大人的视线很烦人，想早点离开这地方。

但到了如今，我有时不免忽然想到，当时我带着购物篮跑掉，觉得盯着我看的附近的大人们很烦，一直在反抗那些视线，但说不定正是那些视线保护着我，而我也由此得到了锻炼。

人们总爱谈论“教育”“塑造人”“培养下一代”。我不喜欢“培养”这个他动词。对自身束手无策的大人真的能俨然了不起地说什么“培养”吗？大人们口沫横飞地说什么“青少年的培养”，其实是为了隐藏自身内部的饥渴、挣扎和焦躁吧？

比起“培养”，“成长”这个自动词让我少些逆反情绪。对孩子的养育或教育，大人在回顾的时候能够不自觉地感慨“哦，长大了呀”，这才是最好的时刻吧？有句俗话叫作“孩子没有父母也会长大”，让孩子自然成长和肆意成长的，这或者才是最好的养育和教育方法吧。

现代社会真的很少有这种让孩子“自然成长”的场所。“自然成长”，指的不是无视或者放着不管。而是要有一个稳固的“地方”可以让孩子肆意成长。

过去的街区，有很多大人对孩子处处留神却装作没看到；而今，则有太多人明明没有关注却说看到了。另外，家庭有铁门，学校有铁门，“培养”的场所与街区隔离。在没有直接关系的大人们不够周全的视线之下，孩子们被培养长大。一旦发生恶性事件，人们就对“安全”热心过头，进一步加强“监视”。于是“培养”的场所变得更加封闭。

不要这样监视孩子们，而是稍微留点距离观望，并装作没看见；孩子们混杂在这样的大人们中间自然成长，拥有开阔的空间。我认为对现在的孩子们来说，这是有必要的。

而且，大人们必须成为孩子们的坚实壁垒。有了这样坚实的定点，孩子们才能意识到偏差，才能模模糊糊地知道自己是怎样的人。而要成为这样的壁垒，现在的大人们所需要的，是接下自己作为邻家大叔大婶的“任务”，也就是说，要成为实实在在的“one of them”，和孩子们之间既有距离，又保持关注，还得装作没看见。因为，在大人与孩子相互牵扯的胶着关系中，“期待”变得过剩，孩子们容易感到窒息。但要是没有大人构成的壁垒，孩子们无法构筑自我。

西本愿寺和岛原一带——都市的圣与性

虽然在这么逼仄的巷子里和商店街长大，但我玩耍的地方相当广阔。隔着堀川通，对面的本圀寺有座四四方方的房子，据说被国家列为重要文化遗产。我在那里避雨、躲猫猫，在墙上乱写乱画消磨时间，或是在寺院的空地上玩打仗游戏。寺院旁边的木材堆放场则有小孩们的秘密基地。

放学后，我从两座大寺院之间穿过，过了岛原的入口，去平安高中（当时是全国高中棒球的著名强队）的操场看人练棒球。回程顺着龙谷大学大宫校舍的围墙回到西本愿寺，在寺院前面宽阔的堀川通的马路中间玩棒球。堀川通是战后建设的大马路，虽然没有平安京的朱雀大街那么宽，但可以在这里充分地玩棒球。因为在我小时候，很少有车子经过。球很容易飞进堀川，比起打球，更多时间都在追赶被冲走的球。和河流赛跑玩累了，就进到寺里，用流水池黑黝黝的铁龙的嘴里流出的水洗头，在休息处的马扎上随便喝给参拜者准备的茶，然后踏上回家的路。假日，大人带我去岛原深处的电影院。《原野奇侠》也是在那里看的。

西本愿寺和岛原。两者之间的空隙就是我放学后的场所。

那场所是圣与俗的极致，也是异形的。在那个角落经常遇到打扮异于常人的人。附近有许多总寺和塔头院；再过去则是岛原的青楼，以花魁著称的茶屋“轮违屋”和名为“角屋”的扬屋[1]（这处扬屋建筑的隔扇是圆山应举和芜村画的，如今是重要的国家文化遗产）；还有生活在那里的人们。男人们剃了光头，身穿世上最深的颜色，黑色。女人们则把世上最鲜艳的色泽——红色展示在脸上或和服各处。那里有盛装的上限和朴素的下限。

我曾经听祖母讲，那些过于缺乏色彩的、把自己置于这个世上最底层的人们，有我们这些凡人所不懂得的幸福。我还听说，那些过于富有色彩的、摆出这个世界上最为艳丽的姿态的人，夜深人静，卸装之后，会在附近的神社里思念遥远的故乡并祈愿。

幸福与不幸。华丽与朴素。所有这些滴溜溜地翻转……也许因为这样的双重性，对我来说，艺伎与僧人都绝非虚构世界的居民。这个街区常常在追溯过去，同样也充满了空隙。但年幼的我即便和这些人擦肩而过，也不曾意识到这一点。

像这样，以双重角度来看待世界，也许是我从儿时就养成的习惯。世上的事物不仅仅是外在的形象，这种感觉对我后来在大学里研究“哲学”很有用。平时就总瞧见服装的两极，所以当“堆堆袜”“金发”“黑脸族”出现时，我一点都不惊讶。

206路公交车在千本七条的拐角左转，终于驶上最后一段路。顺着七条通往东，抵达终点京都站。

---

1. 与前文的“置屋”对应。京都的高级妓女如“太夫”等并不在住处（置屋）接客，这时需要客人到扬屋再请过去。扬屋因此是奢侈的代名词。

往终点站

旅程的结束

我们的206路公交车终于进入最后一段路线。这趟京都导览也终于快要结束了。

左转驶上七条通后，旅程开始时我们的公交车缓缓驶离的京都站、东本愿寺出现在眼前。七条通的南面排列着佛坛、佛具店。毕竟是被“东寺”和“西寺”夹在中间的地区。路的北侧排列着五金店、帽子店、鞋店、洋伞店、肉店、乌冬面馆（这家不叫“力饼”也不叫“大力”，店名就叫“力”）和大阪烧店，还有其他地方很少见的日本蜡烛的专卖店。虽然名叫七条商店街，但是并没有从哪里开始到哪里截止的分明界限。

这条乱糟糟的马路感觉上不怎么京都，顺着这条路往东，公交车回到由建筑师原广司设计的现在的京都站。这一带有很多为来京都观光的游客而设的廉价小旅馆。住客大多是来东本愿寺参拜的人，或是那些与奢侈的海外之旅无缘的年轻外国人。

这座巨大的车站建成的时候，赞成与反对的意见都很激烈，更早以前也有过相似的争执，也就是站前的京都塔建成的时候。当时纷涌的反对意见说：背靠东本愿寺的京都入口，居然放这么一根巨大蜡烛，实在太没有风情了。被如此蔑视的京都塔，如今却是京都市的小学校歌中出现第三多的名字。难以置信。

京都站设计竞赛时，曾有过各种方案，如黑乎乎的现代风格的“罗城门”等。听说还有意见说，只要能遮住京都塔，怎样都好。事实上也有方案提出把京都站造在地下，上面是茂盛的森林。京都塔的存在成了京都人的两难。如今京都塔和现在这个军舰形状的京都站成为了代表京都形象的标志，许多人对此怀有潜在的抵触。

至于我，我非常喜欢京都站。随处有着看似无意义的空间。二楼的南面有东西数百米的笔直道路，仿佛可以开运动会。连接乌丸通车站南北面的开阔空间也让人心情愉快。还有空中散步道。位于建筑物西半边的伊势丹相当有气魄，把本来能整个儿用作卖场的长方体斜着一切，只用一半。切下来的一半做成露天楼梯，一旁是直通顶楼的露天电梯。因此阳光一直洒到一楼的检票口。

我曾在这里参加过一次户外音乐会。从前排座位仰望后方，大概有三千人，把这道露天楼梯坐得满满的。我忽然意识到，京都人对这样的空间充满渴求。

渴求一开始没有确定用途，一旦有所动作便可以聚集大量观众的空间。河原町的十字路口太狭窄，便利店的门口则太凄凉。过去，圆山公园（八坂神社深处）、鸭川岸边和京大的西部礼堂作为这一类空间发挥了作用。不知道发生了什么……如今在京都，这样的都市缝隙被不断填塞。

大概三十年前，全国的“落伍者”往京都集结过来。那时候的京都有许多空隙让人们随意待着。封闭的制度以复杂的形式重叠，反倒被离奇地撬开许多缝隙。这些缝隙让京都这个城市变得深厚。我以为，要是京都站的露天楼梯能作为一种契机，让类似的缝隙得以四处重生，该多好。

不仅仅是京都的问题

顺便再讲一下东边的“京”的站前的情况。如果从东京站丸之内一侧下车，会有一栋外观别具一格的建筑映入眼帘。其外观的特异并不是指大楼的造型，而是玻璃窗。任何一栋楼，人们都会保持其外观整洁，但这栋楼的窗边堆满了文件袋；还有竖立的文件夹，在窗户内侧排得满满的。这是文部科学省的临时办公楼，在丸大楼的隔壁。因为在这里办公，职员们不会再穿着拖鞋就走到街上来，对自己的衣着也多了点注意；但是另一方面，职员们也有不满，说这里的午餐费比原来的虎之门一带贵。

表参道排列着潇洒的高级时装店，以及现代建筑师们互相竞技的实验性新潮大厦，我在那里也见到了同样的楼。那是一家国际品牌的店铺，内部情态透过窗户显露出来，店员的装箱作业或在员工室休息的样子，从路边便可一览无余。真是煞风景。

我提到文部科学省的大楼或是表参道时尚品牌的窗口光景，不是因为它们有违“美观”。过去以辛辣评论闻名的福田恒存提到道德的问题、社会的问题，我是从这种角度提起以上事例的。这些事例显示的，是对他人视线的想象力的缺乏。窗边风景所映出的是一种内向的姿态，只考虑自己的工作、自己的顾客。完全缺乏想象力，想不到自己在其他没有共同利害关系的人的眼中是怎样的形象。欠缺对他人的想象力的后背暴露在他人面前。这样的后背，也体现在以“靖国神社”为首的国际问题的应对上吧。

福田写道：“无论多么了不起的思想，都和衣服一样，只有当你能让穿着那套衣服的自己在他人眼中呈现美的姿态，才真正能称作是你的。”

我前不久去了泰国，和那里的学生们第一次见面，分别的时候，他们谦恭地合掌致礼；在越南，我看到年轻人用双手拿着电话的听筒，小心地放在桌上。说起来，明治初年来访问日本的西方宾客们曾感慨，如此“优美”的社会，浸透了对他人的礼仪，我们没有什么可以为它添加的。我认为，道德的根本，就在于能站在他人的立场上。

热情待客曾是京都的优良传统，过去，待客之道就在于对他人视线的意识。但如今，或许是因为“灯下黑”，京都人对近在眼前的自身的危机没有认识。京都本该是对他人的视线最为敏感的城市。过去的京都在这方面十分用心，拥有善加利用这一点的智慧。我猜，京都人在新干线的车厢里看到“走，去京都吧”的海报时，多少会被激发起一些自尊心，“你们去京都，我可是要回京都”。

乘出租车游览寺院神社？

我并不喜欢对年轻人挑三拣四，也不是因为我的学生，但我还是对如今的修学旅行的形式抱有很大的疑问。

如今的修学旅行是把学生分成几个人的小组，乘出租车转一圈，参观寺社古迹或手工匠人的作坊。这在过去是无法想象的。我无法理所当然地接受这种做法。

假设是四个人，包一辆出租车半天（四个小时）据说是三千六百日元。这是从出租车司机那里听来的。那么一个人就是九百日元。不知道坐公交车要花费多少，如果是包一辆大巴，据说半天的话人均六千日元，含门票钱。如果要走许多古迹，也许包辆大巴更便宜。但据说修学旅行的学生其实就看一两处古迹，剩下的时间都是去购物。那么一个人的路费只要九百日元的话，比起旅游巴士，坐出租车便宜多了。

果然有道理。但我对这些道理感到抵触。

观察、品味陌生的城市，重要的是了解那里的生活，光是转悠该城市的“著名景点”是没用的。带一本旅游指南，“按图索骥”，这只是对自己预先怀有的印象做重新确认而已。不会有任何的发现。也就是说，特意去那个地方的意义没了。要认识一个城市，其实最好是步行，最好是在步行的时候偶然遇到什么。

而我感到的抵触其实还不在于这些。我真正的抵触在于，孩子用钱驱动大人。孩子用钱买大人的业务。孩子付了费，让大人干活。

我听说了一件过分的事。学生们坐出租车在“著名景点”草草兜完一圈之后，去商业街买东西。出租车司机在附近的路边等他们。不，应该是他们让司机等着。这里存在问题。不是支付了对等的价格就没问题了。如果他们是赶往病危的父母身边也就算了，但他们坐出租车是为了学习和玩，而学校对此是认同的……尽管支付对等的价格，是正常购买服务，仍然很怪异。让别人劳动，“用于自己的目的”，这种行为，与把自己认为比其他人更有价值的人“选”出来一样，是不可以有的，除非特殊情况。这是做人的“品位”的问题。

“用”人，“选”人。进入这层关系，情况也可能会颠倒，自己可能被人“用”，被人“选”。等于接受了这样一个社会——它有时候对人说“不需要你的存在了”。一个社会如果忘了感谢别人为自己付出的劳动，就没有“品位”。只有当一个社会的人们都知道有些事不能用钱买，这个社会才有“品位”。

也有让人欣慰的故事。据说有四个三宅岛的高中生，把从老家带来的特产送给了司机。他们预想可能要坐出租车，于是特地为司机准备了这份礼物。这真是让人松了口气。

“京都也给糟蹋了”

说起来，京都确实是个奇怪的城市。要是算上十几岁的人，大半国民都至少来过一次，超过了东京。毕竟，到京都是修学旅行的例行线路。修学旅行近年来变得相当多样化，不是所有学校都安排来京都了。但京都仍然作为观光城市如不死鸟般复苏。An-non族[1]的京都朝圣结束了，JR东海的“走，去京都吧”又让京都热起来，如今则是空前的“京都书”的热潮，我的这本京都导览也跟在队伍的最后面。但其实这本书是我在八年前就开始构思的，想着要先实地走访，于是久违地搭乘206路公交兜了一圈，这一下就一发不可收拾地乐在其中，隔了七年的空白才正式提笔。

> 京都把首都、帝都的位置让给了东京，但京都重视历史遗产和景观，成了一座世界闻名、内在调和的美丽城市。另一方面，东京把江户破坏殆尽，近代化突飞猛进，成了世界最大的巨型都市。但如今，东京也已成了世界上数一数二的难居都市。如果京都一直是首都、帝都，那么大概没有今天的京都。虽然是逆向的说法，从结果上，可

1. 20 世纪 70 年代中期到 80 年代的现象，指手拿时尚杂志（《An-an》《Non-no》）单独或少数几人旅行的年轻女性。

以说迁都东京救了京都。

（佐佐木克《江户成为东京的那天——明治二年的迁都》）

没什么精神的打气论调。京都人就算表达同样的意思，也会用稍微迂回的说法。

京都人反复念叨："京都也给糟蹋了。"

如果真是这样，那就不要哀叹，把城市变美就行了。城市放着不管就会崩坏，那就保护它好了。如果京都变成了"第二个奈良"，丧失了活力，那就让洛中作为"恬静"的地区，在旁边建造"华丽"的地区就行了。不要把京都站作为京都的南端，给南边更多的投资，拓展现代化的街区就行了。既然说京都站要成为新京都的中心，只是资金有限，那就把洛中作为日本的文化首都，让京都的老房子由家族继承，变为财团法人置于京都市的管理之下，让文化厅在某种程度上作出支持，这样就行了。置于政府的保护之下后，稍微不自由也没办法。只是必须有所觉悟，因为那样一保护，洛中就会变成一个影视城般的地方。京都人或许觉得，与其变成影视城，还不如现在的杂乱无章好。因为那样城市本身就死了。如果要做景观保护，京都这个城市又太大了。所以在京都人的设想中，保持新旧夹杂的杂乱状态，要是能再稍微美观些即可。把景观保护地区隔离开来好了，反正我们京都人也不会特意去那些地方。

如果除去周围的山和山村、寺院的地界，那么京都和其他城市相比并没有特别“美”。京都人很清楚这一点。话虽如此，要是京都看上去一派苍然古色，他们也会不舒服。京都人总是希望别人说自己先进，就是出于这种心态，所以才会不时地允许一些不成体统的建筑物出现在京都，譬如同志社大学旁边的“织阵”大楼（高松伸设计）、祇园的火箭楼群等，尽管他们嘴上说“真没品位”“搞不懂怎么会有人盖那种房子”，把那些建筑当作不存在。京都人最后的根据地是“审美眼光”。是的，是一种骄傲，认为自己懂得真货。就算自己没有住在与这种审美眼光相匹配的房子里，嘴上还是要说“京都也给糟蹋了”。乘阪急电车从大阪过来的人说：“在终点河原町下车，走到地上一看，感觉像到了某个二三线城市。”听到这话，一向对任何揶揄都回以嘲讽的京都人也被戳到了痛处，无言以对。大阪人很懂得怎么攻击京都。

古老町家和西洋建筑的历史是一样的

京都被称作“千年古都”，但其实城内没怎么留存历史建筑。尽是些“××遗迹”之类的石碑，尽是痕迹。而巴黎作为历史城市，无论是19世纪中叶担任巴黎市长的奥斯曼进行的巴黎大改造，还是战后戴高乐政权下的作家、文化部长安德烈·马尔罗对巴黎建筑的大清洗，他们所营造的巴黎风韵是非常相似的。巴黎是石头建造的城市，17世纪的哲学家勒奈·笛卡儿居住过的房子也原封不动地留存下来，这不是什么稀奇的事。但是在京都的市井，几乎没有那么古老的房子。除去城的周边，真的很少有古迹。仅仅是因为免于早先的战火，留存有明治、大正时期的住家，所以感觉上古老而已。

京都领先于全国在明治时期建造了许多西洋建筑，以三条通为中心散见于市内各处。这些西洋建筑与京都的“古老”木构住家的历史基本相同。顺便一提，如今人们说要保存和重建町家，与京都地价下降、公寓和便利店开始在町内林立，是同一个时期。光是这点带来的变化，就会让人对京都的看法改变吧。

应仁之乱后，江户时期京都也曾发生大火，市区几乎被烧毁殆尽，然后在幕末的禁门之变再次被全部烧毁。如今不光是大极殿，六波罗探题、室町幕府、聚乐第和御土居都踪迹全无，市区几乎没有留存江户时期的建筑。丰国神社和平安神宫都是明治时期重建或新建的。

我在十八岁之前住过的房子，后来也和其他住家一起被拆毁，变成了全国连锁的快餐店，完全看不到原来的形迹。隔着堀川通的对面，几年前竖了块“左女牛井之迹”的石碑。从前，这个左女牛井町是源义经府的一角。我以前的幼儿园则是后白河法皇度过晚年的六条殿所在地，幼儿园就建在法皇之后被称作“六条柳町”的青楼故地之上。我的小学在过去的五条通（如今的松原通）的南面，经过旁边东面的五条天神社，往东到鸭川，就是因牛若丸与弁庆的对决而著称的五条桥。我听说，这场对决事实上是在五条天神社的森林里进行的。家门前的堀川，在我小时候都还是一条因为友禅染而呈现紫色的脏乎乎的河流。在堀川通玩棒球，球经常掉进这条河里。为了在球流进西本愿寺的河栅之前拿到球，我拼命追，膝盖以下都泡在肮脏的河里。但这条河也被盖上了，如今看不到了。

身体的记忆就只有这些。虚实交错的记忆。不，整个京都城都是如此。不管站在京都的哪一处，那样的影像都只是如夏天的蜃气般飘浮着。就连街道也很少有哪条是在原来的位置。每逢战乱、受灾，或外来的施政者对城市进行改造，人们就被强制移动。即便对京都人来说，“京都”也仅仅是幻觉或者如夏日蜃气般的存在。京都人畏惧亡灵，为了镇魂而想出各种仪式和节日。每个月总有若干节日，也是亡灵造成的。京都人还对鬼门之类的方位显得神经质，也是因为同样的理由。为了建造京都城，投入了超乎想象的财力，却又以和投入相同的程度被烧毁。城里充满了对此的怨恨和诅咒。

有关“京都范儿”的讨论

一般来说，当人们就“范儿”[1]做出质问的时候，正是由于某种属性弱化了，过去所拥有的独特的形象模糊了，变得难以辨认。譬如，如果按照一直以来的概念，男人们十分“男性化”的时候，谁都不会问什么是“男性范儿”。当人们开始质问什么是“男性范儿”，就是男人们本来（应该）拥有的属性动摇并几乎消失的时候。而当人们质问什么是“京都范儿”的时候，也是同样的情况吧。京都市围绕“京都范儿”的若干问题开了好几次“审议会议”。当全市认真地设定了课题，要对“京都范儿”做出明确的定义的时候，我感到，啊，京都的终结终于开始了。

像地方城市搞“城市振兴”那样，主动问起何谓“京都范儿”，这对因着自己生在“the city”（这座城）而暗怀自豪的人来说，坦白讲，是很悲哀的。都市靠的是它的多层褶皱，也就是多层性、频道的多元性、入口的众多，才成为有活力的地方。只在某一特定方面，京都才能胜过东京、大阪，对京都人来说，这是非常惨痛的事实。我也曾经参加京都的专门委员会，并担任会长。但委员们都不认真对待，好像事情与己无关

1. 日语原文：らしさ。

似的岔开去，尽说些空话。诸如反正京都是没有实体的“虚都”，或者，今后全国各地的老人会来京都寻求临终之地，这里会变得十分热闹，等等。唯有来自大阪的城市研究者努力做了城市形象分析，让人敬佩。会议总结的时候也帮了大忙。

我想，那些把讨论岔开去的人，他们的共同想法大概在于，要举出京都的代表特性或是象征京都的风物，这种思维本身相当不适合京都。有种说法叫作“one point charm”，是指在没什么可夸赞的时候，硬是找出值得夸赞的一点。对于真正有魅力的事物或者人，没必要找所谓的one point charm，因为那样的人和事自有其绝对的存在感。在这个意义上，京都这个城市正如其名，有着“都市的华彩”，是都市中的都市。京都有许多作为都市的褶皱和频道，有其纵深和多层性，不管翻开哪一处，都有相应的都市形象。因此京都作为都市，总是有着绝对的存在感……几乎所有的京都形象都阐释了这一点。

然而如果仔细琢磨，所谓的“京都范儿”真的摇摇欲坠吗？有份由大都市企划主管者会议归纳的报告叫《大都市及其属性调查》。看了这份报告，我不觉注意到一个意味深长的事实。其中有个条目是“都市的个性”，统计的是关于自己居住的城市和其他城市的印象。根据这些统计，在居民觉得自己的城市具有个性的方面，神户市的分数比京都市高得多。然而，在其他城市的人如何看待京都这一问题上，京都则获得了遥遥领先的高分。就是说，在京都人以外的人看来，京都是个性最为鲜明的城市。这项评价的巨大内外落差是很有趣的。

从外部看到的京都，其形象是鲜明的。任何人最初浮现的印象都是古都、寺院、祇园、传统工艺、三山，也就是修学旅行时留下的印象。这之上又可以添加宗教之城、艺术之城、学问之都、学生之城、町众文化、工匠文化、“穷讲究穿”（和服文化）、“京女子”、待客之道，以及前卫文化。

问题在于，事实上，刚才所列举的清晰的京都印象，都已经不再具有相应的内涵。外部看到的印象是稳固的，然而内部所见的实像已经变得相当模糊。在过去，这之间的差异本身是京都的骄傲。“京都可不是如你们想象的地方，你们什么都不懂……”我曾洋洋自得地在心里这样想，但近来这想法已经开始变成不安的种子。

固定观念

如果说，“京都范儿”的神话乃至固定观念，造成了印象与实体之间的游离，那么借用刚才那位来自大阪的委员的话，有五种类型的误解。

京都是观光都市。

京都是保守的（与“京都是前卫城市”的误解相反）。

京都是单一的。

京都的自然环境丰富。

京都是日本人的故乡。

他以都市研究者的方式分析了各种资料，提出，首先要把京都从基于这种误解的五种印象剥离开来。但其实媒体一直在以一种恶意的方式反复做着同样的幻想破坏。许多“京都范儿”是以时尚杂志和旅游杂志为中心的媒体煽动起来的，但在某段时期，他们对京都的宣传变得非常辛辣。以20世纪70年代的*An-an*为中心的各种杂志专题报道，宣传的是“Discover Japan（发现日本）”“Fashionable（时尚）文化”，选取的是历史城市京都的时尚看点；80年代把京都介绍成前卫的城市（已经带有怀旧的色彩）；1992年*Spa!*上刊登的《京都·观光城市的真实指南——去了就吃亏的寺院、老字号、餐厅信息》，发出了最后的绝望的爱的呼唤。像这样，外界对京都的印象急剧跌落，对京都的批判成为卖点。90年代，杂志上的京都专题大为减少。

进入21世纪后，京都热再一次兴起，只要登京都专题就能卖。也许人们对京都的印象会稳固下来，所谓的没品位但是优雅、“傲慢而杂乱的地方城市京都”……京都的行政机关和媒体突然有了危机感，这一回，他们迅速做出了反应，那就是“京都检定”[1]。反过来利用外界的京都印象，以京都的“权威”对付非京都人。“检定合格”让人想起“教师资格认定”“末寺登录”。“名门正宗”或“总寺”[2]的规矩扎扎实实地继承到了现在。

1. 每年举办的京都观光文化检定考试。

2. 总寺（日语：总本山），即某一佛教宗派的总部。末寺，即属于该宗派的下级寺院。

外来的京都复兴提案，京都人不即不离

不仅如此，京都人对“危机”的应对本身很有京都人的风格，相当复杂。

譬如京都人一直宣称，京都不是“古都”，而是具有“传统与革新”的两面性。从西式小学的创建、田边朔郎主持的水利工程、市营电车的铺设，到20世纪70年代的跨年音乐会、“no pants咖啡馆[1]”的兴起等，京都凡事都要做日本首发，把“革新”作为“传统”的一项。“革新”当然也有政治上的含义。战后不久，京大的统计学教授蜷川虎三靠社会党、共产党的推荐担任知事，持续了四分之一个世纪。那之后，京都一直是自民党与共产党角逐第一位的选区，全国少见。蜷川从“地方分权”尚未成为时代潮流的很早以前就以“反政府”“反中央”作为卖点，他拒绝参加全国知事会议，不肯住在知事公馆，一直住在他担任京大教授以来租的房子。京都府对以道路建设为首的公共事业也一直是预算紧缩的状态。即便如此，对蜷川带着反骨的行动，京都人给予了喝彩和顽强的支持。但同时，京都人还支持成为了保守派的市长高山义三。“传统与革

1. 如今已被禁止的色情业，咖啡馆女招待不穿内裤，且地板上设有反射镜。

新”，这不光是嘴上说说。京都人绝佳的平衡感，让人感佩。

如今，京都人还特意给这种绝佳的平衡感找了理由。京都人就是这么周到。

他们的说法是，京都有着得天独厚的资源来打造有厚度的人生，隔绝“生产”“发展”“进步”“效率”这一类产业社会的原理。这指的是把死后也涵盖进视野的生活方式的设计，让艺术和学问的离群者，或是老人和青少年等在劳动社会被挡在围栏外的人们能够住得惬意的城市（如今京都的老人和年轻人的人口比例远高于其他城市）。20世纪60年代的京都，的确曾经得以成为这一类边缘人的避难所。而且也有许多拥有创造力和禀赋的离群者来到这里，在这里住下。不论对这些人还是对旅行者而言，京都自古至今就是人生的避难所、隐居地、藏身的寺院。这个城市不缺乏让其重生为“治愈城市”的组成部分。如今的京都是个仅仅拥有形式、组织、建筑的宗教城市，它应该作为真正的下一个世纪的“宗教城市”而复苏，人们应该在这里重新整合内心，如此等等。

又或者……

京料理，不仅仅有量和质，在菜肴和器皿的颜色、季节感上也都花了细致的功夫，治愈眼睛和舌头，而且是味道清淡、低卡路里的健康料理。另外，不管走在这个“历史城市”的任何地方，肯定会遇到有历史渊源的地点，这是个充满了散步乐趣的“健康城市”，也是极致的“享乐城市”。近代的生活原理将劳动和余暇、学问和游戏分离开来，而京都的智慧则以与此迥异的原理揭示出21世纪文明的基本原理，并在人们的生活中，以相当切近的方式、自然又多层次地将原理呈现出来，如此等等。

此外，京都这个城市，“奥”“内”“影”等不可见的灵魂空间到处敞开；在这里能看到针供养、筷子供养[1]，人们绝不把东西看轻；在这里能看到竹帘、洒水的习惯、细密的红栅栏、内院，这个城市拥有与严酷气候共生的智慧（也就是如今的“节能都市”）……对诸如此类由外部给予的“赏识”，京都人装作响应，但其实并不是真的响应。他们在内心某个地方并不认同这一类的评价。这个城市曾经被无数的“当权者”任意摆布，而京都人只想过朴素又“普通”的生活。所以京都人看重与自家有代代渊源的寺院，却很少去所谓的名胜古迹之类的花哨场所。

“对陌生人说不”，也是从那样的名胜景点传来的说法。如果有外人进入自己“普通”的在地生活，京都人会大大方方地把他们带到真正的好去处。我以为，要了解京都，最好的做法是和这里的人们结缘。京都这个城市有很多入口，毕竟曾有一千二百年的城市历史，褶皱、阴影、内里都十分错综，就

1. 将无法使用的缝衣针、筷子等供奉起来，以表感激之情。

算在这里住了五十年，仍有很多未知的地方。在这里停留转悠一个星期，根本看不透，也玩不尽兴。你需要人际网络的力量，像挑花绳一样，以不同的模式进行连接和转换。所以要想了解和品味京都，就要在京都交一个朋友或结一门亲戚。只能如此。

我父亲生在北陆福井深山中的一个村庄里。一次被火塘煮沸的水泼到，受了严重的烫伤，终生背负着那伤痕。祖父做织物买卖，使得家业败落，祖母也早早去世了。我父亲和他的兄弟被寄养在亲戚家，住在仓库里。父亲的妹妹被寄养在亲戚的寺院，如今是尼姑庵的庵主。父亲小学毕业后立即来到京都，他对“京都人”的权威心存畏惧，作为一个油漆匠，一辈子不曾志得意满。帮助我父亲的，是那些没有权威的“外来”京都人。我父亲一辈子都没能得到无条件的肯定，肯定他能留在京都。但他也许直到生命的最后，都一直在寻找可以让他依托的人。有一些我不认识的人，身份不明，却和父亲交情颇深。我在父亲死后才知道这一点。多亏他们，我才知道了京都的几个隐秘去处。

京都的特技？

2000年，京都市发表了《京都市基本构想》，堪称京都21世纪最初二十五年的宪法。之后，根据《基本构想》设立了具体的《基本计划》。负责统筹起草该《基本构想》的，正是在下。和我之前不管怎么组织语言都始终围绕"传统与革新"的说法不同，《基本构想》废除了"京都市"这个主语，全文统一用"我们京都市民"，并且约定了不使用"传统"和"革新"。另外，在这一类公文中大概是首例，《基本构想》发起呼吁："京都市民们，请更有自信。"因为从各界选出的委员们终于承认，京都市民正在丧失自信。

可能外人听着不那么舒服，在这份京都市民向京都市民提出呼吁的建议中，特意列举了京都人迄今为止悄悄引以为豪的"特技"，并对它们进行重新确认。不，与其说是重新确认，不如说是把那些所谓的"特技"作为全人类（不仅是京都人）应有的价值加以甄选，并且弃用行政文件中常有的抽象概念，而以人们熟悉的平假名词汇公布。高度概括京都文化，尽管这种做法略显机械，我们仍选出了下面的六项"特技"。我们希望能重新武装上这六项"特技"，让来到京都的人们比从前更加忐忑。本不必这么虚张声势，但我们毕竟是爱张扬的、不愿妥协的、让人没辙的一群人。

眼力——看透本质的批评眼

巧艺——创造事物的精巧技艺

韧性——对任何事都钻研到极限

心气——冒险进取的精神

礼数——温暖迎接来访者的心意

节俭——以简朴和节约为宗旨的生活态度[1]

也有人想把爱好新事物、刻薄的批判性、町众对自治文化和人工文化的憧憬等京都人的特点都放进来。但因为这六条最清晰明了，所以最后用了这六条。

身处有多种选择[2]（alternative）的城市，会有种感觉，哦，我在都会呀。我认为，如果一个城市明确设定了危险的两极，告知一切到此为止，不能再进一步，残忍的事件就不那么容易发生。如果一个城市到处都有人生的避难所和试验场，人反而会变得坚强。拘泥于范式的城市，深知一旦偏离范式就容易有危险的城市，会把毫无意义的不拘范式看成是愚蠢的。

这就是京都，充满了两义性的城市。是的，京都是个很难单一概括的地方，混沌作为一种风格，在或大或小的程度上铸成了市民的血肉。

1. 六项特技原文分别是：めきき、たくみ、きわめ、こころみ、もてなし、しまつ。

2. 原文汉字为：对抗评价轴。

城市两义性的表情——既不是白昼袒露的城，也不是夜晚装扮的城，而是黄昏时分的朦胧，人们平时不曾注意到的，会在短暂的瞬间忽然呈现。平日不可见的感觉、不成形的感觉一齐翻涌而出。我想，在这样的时间里徜徉于京都，是最好的。

都市的条件——世界敞着开口的地方

存在众多的选项，是都市成其为都市的条件。各种不同的价值观以可见的形式并存，或是内在含有“反世界”。我在这本书的开篇也谈到过，有三样东西存在于老城，是现在郊外的新城所没有的。一个是古树，一个是宗教设施，还有一个是寥落街区。这三样有共通之处，它们都是世界敞着开口的地方。

古树不可能存在于新城。因为，新城本来就是砍伐树木、刨去土石后开发而成的。京都留有不少古树。在神宫、神社，或是路旁、街区边缘。大树存在于我们的时间感觉之外。我们平时真实感觉到的历史时间，最多也就几十年。就算追溯记忆，最多就到曾祖辈那一代。生于战后的一代人，最多能回溯到日俄战争。对于现在十几岁的这一代人，太平洋战争大概位于迷雾的另一端吧。未来的时间更加短得多，人们甚至很难考虑五年后的事。对科幻和未来小说的作家的构想能力，唯有脱帽致敬。而大树的一生所经历的时间，远远高于上面所说的时间跨度。当我们重新回顾自己的一生时意识到，对这棵树而言，它活过的时间远远大于我们所回顾的时间，我们的一生被包含在它的时间之内。意识到这一点，必然能以不同的方式看待自己的存在。大树仿佛理所当然地给出了改变时间尺度的契机。在大树的身上，自然的悠久的时间静静地呼吸着，比三代同堂更久远，以另一种形态流逝。

寺院神社，它们的存在，促使人换个位置眺望自己的人生。不是从自己站立的位置眺望自己的人生，而是从这个世界的“外部”，从自己平时不曾想到的遥远的距离注视自己的此在。寺院神社给人以这样的契机。同时，寺院还是参拜生与死的地点，人们参拜，为的是亲人来到此世，或去往彼世。寺院是这个世界的“内”与“外”之间的旋转门……存在于寺院神社的，是脱俗的价值和超凡的价值观，和我们在日常生活中共有的极其寻常的世界观和感受性不在同一个维度。

然后是寥落街区。这个部分和特定宗教设施一样，不在新城的设计之内。这片靠近会有点可怕、有些阴暗的地区，象征着城市的若干“黑暗”：郁闷的不良分子群集，某一天突然“蒸发”并抹去过往的中年男子藏身于此，或是上了年纪的“站街女”躲在电线杆后面等待客人。那是存在于城市形象背后的、被人们被当成是不存在的阴翳，是落伍者的聚集处。那里堆积了各种仇恨艰辛，投射出各种不幸的影子。人被驱逐、流放于此，却又得以藏身其间，在这个紧急避难所悄无声息地残喘。感觉自己走投无路、被逼到绝境的人，一旦来到这里，就会有另一种人生……当你一点点适应那种仿佛可以成为另一个人的感觉，就会看到另一种人生的选项。

古树、神社寺院和可疑的寥落街区，它们都是通往这个世界“外部”的开口和罅隙。它们会拉扯我们日常的共通感觉

（common sense），在这个意义上，是妖异的场所。妖异，指的是这些地方虽然可怕（或者正因为可怕），但是让人无法不被吸引。被吸引，大概是因为超现实主义者所宣称的changer la vie（改变生活），也就是自身的存在被震荡，产生了通向其他的可能性。走向存在的其他可能性，意味着存在本身的崩坏。人被吸引，是因为沉浸于那种破灭感。

都市的缝隙驱使我们想象“另一个世界”，这些缝隙就是古树、寺院神社、寥落街区。在现代，都市被消费的记号填满了，没有一丝缝隙，就连缝隙也被作为记号，瞬间被消费了。我想，在这样的都市里，取代古树、寺院神社和寥落街区的，也许是艺术？尽管艺术也绝对无法免于被当作记号消费的危险，而且事实上也被消费了。

话虽如此，缝隙仅是空虚，不是值得肯定的存在。严丝合缝的世界，由于缝隙过窄，看不到别样存在的可能。这样的世界太坚固和强硬（同时也太脆弱），似乎人怎么使劲也改变不了它。人在其中会有无力感，便秘般的闭塞感。但如果缝隙过大，世界又会变成晃晃悠悠没有抓手的地方，人会感到持续的不安。在反作用之下，人会试图建造比没有缝隙的坚硬世界更为坚硬的世界。人会努力填补那些过松的空隙，出现过度的合理主义、过度的饶舌、嫉妒心、被害妄想，乃至必须严格以同样方式重复同一行为才感到安心的刻板行为，或是向幼儿退化的现象，接近异常地反复确认固定规则的存在。这样，人就会陷入与自己一开始所追求的可塑性相反的catalepsy（僵直状态）。不是往这个世界的“外”踏出去，而是闭塞在这个世界的内部。

在京都这个城市，仍有许多地方，世界敞着口子。通往“那个”世界的孔隙还有很多。在旅程之初我提到的法悦的世界（神社佛阁）、推论的世界（大学）、陶醉的世界（花街）都是如此。或者说，如果你要寻找能带来转机的地方，选择别样的生活方式，或是你在寻求人生的避难所，那么京都有很多这样的地方。对自己的存在理由感到怀疑的人，在这些地方会感到自己被认可。京都在电视剧里，总是成为凶案现场，或是熟年女子失恋疗伤之地，但其实京都如今仍是比电视剧中所描绘的更为形而上的妖异城市。

终点

也许你买了不少东西，行李变重了，不过在坐上回程的新干线之前，请在车站旁边的西餐馆享受京都的最后一餐吧。别去旅游景点味道清淡的怀石料理店，也别去町内的老字号拉面馆或乌冬面馆。

按我自己的喜好来说的话，如果太阳还高挂空中，我就去“七番馆”。在七条乌丸稍微往东的南面。这是一家朴素的、相当普通的西餐馆，不像“竹富”那样的老店，没有极富个性的炸猪扒、炸虾、汉堡牛肉饼——当我写到这一段时，也即2006年12月25日，“竹富”年迈的老板和老板娘终于声称体力不足，关门歇业——“七番馆”是中年厨师做创意菜的餐厅，是一家杂牌餐馆，既有民族风味，又有四川风味，还有法式风格，也有鳗鱼。好处是味道清隽。酱汁带给舌头温柔的感触。我在其他任何地方都没吃过类似的。这里的菜让食客们心平气和、放低姿态。与众不同又极其自然的西餐，请在这里享用。这家店非常适合在旅程的终点，在钱包变轻之后光顾。

如果你没有时间，那么请去位于车站地下东头的“INODA”咖啡馆的分店。夹着炸虾的面包配有土豆和切得细细的卷心菜沙拉，搭配咖啡或浓汤，味道极其清淡又让人着迷的午间套餐。还有猪扒厚度让人诧异的猪扒三明治。

如果夜幕垂落，那么请前往从京都站八条口往南一条马路的“佳辰”。这家店我最近带着京都的朋友去过，在京都阿凡提百货背后，让人惊讶于“竟然在这种地方”。很少有餐厅能像这家店一样精选鱼和鸡，并充分发挥食材的美味。店里慷慨地供应梦幻的绝品好酒，店主夫妇及其女儿的魅力也都远超表里不一的“京都美人”。肚子填饱之后，请你哼着这样的歌离开京都——我们的民谣十字军的《醉汉归来》（The Folk Parody Gang[1]作词），一首20世纪60年代的歌。把“姑娘”换成“小伙”也没问题。

“来一趟天堂好地方，酒好姑娘漂亮，哇哇哇……我已经死了呀。”

---

1. 松山猛（1946—），日本作词家、作家、编辑。

后记

这是我第一次就自己出生长大的城市进行系统地写作。这一过程就像在摸索浸透自己全身的记忆。

越是惨痛的事件，当它成为记忆镌刻在身体时，就会在体内拧成一圈圈。在记忆拧绞的过程中，人会感受到塑造自己的一切的内核。但那同时也是记忆被改编成圆满“故事”的过程。在这里最好小心。因为只要一不小心，记忆就会被换成圆满的“说明”。被替换成“说明”的记忆不再是记忆。那其中映出的不是我这个人，而是我没能成为的人。所以更贴切的说法是，在完满的严丝合缝的记忆旁边，有一个我仿佛隐了身，只露出眼睛盯着记忆看。

大概距今八年前，我带着一位“他人”，分几次搭乘京都市营公交车206路，绕京都走了一圈，这不仅是为了给对方看我待过的地方，在某种意义上，也是固定下来的一系列的“我”的记忆再一次撒到各处。带人走这么一趟旅程是非常自我的，好在对方超越了我的顾虑，热烈沉浸于这趟京都之旅。

被我带去的就是讲谈社编辑部的林边光庆。他真有耐性，接着又等了七年，等我热烈沉浸于写作这一行为。过完年，为了在一月做最后的复习，我又坐了一次206路。这回还带了和我相交已久的摄影师铃木理策。在寒气逼人的一月的傍晚，我们在六条商店街的尽头吃的狸猫乌冬（狐狸乌冬上浇了勾芡汁）让身体从内到外暖和起来。三个总在胡说八道的人，唯有此刻沉默如葬礼。

写在这本书里的东西对“京都检定”没有任何帮助。对，我是以模糊的记忆写下的，所以对以事实为依据的考试，说不定还会导致扣分。但书里写的，无疑是我这个凡人体内所充盈的这座城的气息。对笑嘻嘻地陪我走完这趟任性的自我确认之旅的林边先生、渡边先生，还有继《“倾听”力》《时代的摩擦》之后再次请来做书籍装帧的守正先生，以及最后把我的记忆错误加以修正的讲谈社校对的诸位，我在此再一次致以深深的感谢。

鹫田清一